Natalie John
Die Fliegenfischer am Fuß des Rosengartens
Südtiroler Rundblicke

Natalie John

Die Fliegenfischer am Fuß des Rosengartens
Südtiroler Rundblicke

Picus Lesereisen

Picus Verlag Wien

Informationen über das aktuelle Programm
des Picus Verlags und Veranstaltungen unter
www.picus.at

Inhalt

Meine ersten Ferien in Südtirol – Vor über dreißig
Jahren 9

Das Kennenlernen 16

Vom »Törggelen« und allerlei anderen
Genüsslichkeiten 22

Zwei Seelen in einer Brust – Der Krieg um die
Autonomie 31

Bozen – Wo man auf Italienisch flucht und sich auf
Deutsch unterhält 39

Gelebte Einsamkeit – Meine Woche in der Einöde 46

Auf Ötzis Spuren – Die Geschichte von Südtirols
liebster Leiche 52

»I muas auffi« – Südtiroler Legenden 60

Winter total – Wenn es entlang der Piste leise
zischt 70

Andreas Hofer – Der Südtiroler Freiheitsheld und
der Tiroler Bauernaufstand 78

Sarntal – Das Tal am Ende der Welt 84

Von Schlössern und Schlossgespenstern, Rittern und
Rüstungen, Burgen und Burgfräulein 92

Meran – Tauben füttern und Trauben futtern 100

König Ortler und seine Untertanen 106

Reiten, werfen, treffen – Der Oswald-von-Wolkenstein-Ritt 113

Naturkräfte, Kraftplätze und ein Hexenmeister des 21. Jahrhunderts 117

Von Zwergenkönigen, Buckelhexen und wunderschönen Prinzessinnen – Legenden aus dem Reich der Dolomiten 123

Meine ersten Ferien in Südtirol –
Vor über dreißig Jahren

Ich erkenne unser Ferienhaus sofort wieder, das dritte von links, zweistöckig, mit umlaufendem Balkon, weißer Putz, schwarzes Holz, verschwenderisch üppige Geranien, rot, weiß, rosa. An der Hauswand stehen Bänke, ein länglicher Tisch, eine Schaukel, ein verwilderter Sandkasten. Ob ich damals hier gespielt habe? Ob er noch da ist? Mein Berg hinter dem Haus? Von dem wir uns laut kichernd runterkullern ließen, wo wir Fangen spielten, an Ostern nach Eiern gesucht haben? Ich laufe hinter das Haus. Das soll er sein? Ein Berg? Alles, was ich sehe, ist ein grasbewachsener Hang. Nur der Duft, der ist geblieben: Es riecht immer noch nach modrigem Heu und frischem Obst, vermischt mit dem süßlichen Geruch gekelterter Trauben. Wie damals.

Im Oktober 1972 war ich zum ersten Mal in Villanders. Oberhalb von Klausen an einer Westseite des Eisacktals auf einer ausgedehnten Terrasse des Villandererbergs. Als Knirps mit meinen Eltern. Ich erinnere mich noch, dass mein Herz mit jeder Serpentinenkurve, die wir hochfuhren, aus Vorfreude einen kleinen Satz machte. Ich erinnere mich noch an die Familie Ravensberger, die jedes Mal zum Empfang vor der Haustür bereitstand. Johann mit seinem blauen Schurz, die Enden der Bänder vorne zu einer

Schleife gebunden, mit grauem Filzhut, grünen Gummistiefeln und dem rosigen Gesicht der Südtiroler Bergbauern. Maria mit ihren Apfelbäckchen, den grauen Zöpfen, kunstvoll um ihren Kopf drapiert, und dem blumigen Tuch über ihren schmalen Schultern, Anton mit seinen wilden kastanienbraunen Locken und der kleine Loisl mit seinem Tirolerhut, den er Tag und Nacht trug. Drei Ferienwohnungen vermietete die Familie Ravensberger damals. Urgemütliche Zimmer mit knarrendem Holzboden, rotweiß kariertem Bettzeug und Bauernschrank. Dazu eine Terrasse mit Blick bis auf die schneebedeckten Gipfel der mächtigen Dolomiten. Inzwischen hat Familie Ravensberger ausgebaut. Zehn Ferienwohnungen mit allem Komfort und TV, sogar ein Hallenbad gibt es jetzt. Früher blieben wir an den Abenden in der gemütlichen Stube sitzen, das Kaminfeuer knisterte, in den Gläsern perlte der rote Wein, in meinem Glas *aranciata*, eine Orangenlimonade, deren Geschmack für mich noch heute Suchtcharakter hat, und speisten goldgelbe handgerollte Knödel oder Bräter, Bratkartoffeln aus einer gusseisernen Pfanne mit mindestens einem halben Meter Durchmesser. Nebenan waren die Dorfburschen versammelt. In dicken Filzhosen mit bestickten Gürteln und schwarzen Trachtenhüten hockten sie am größten Wirtshaustisch und knallten die Karten hin. Watten hieß das.

Ich erinnere mich noch an den feinen Geruch von Anis und Fenchel, der durch das ganze

Treppenhaus zog. Es war der Geruch von Fladenbrot, herrlich knusprig. Dazu gab es diesen Speck, dunkel, nicht zu weich, nicht zu salzig, in Wacholder geräuchert mit einer guten Fettschicht. Selbst gemacht aus frei laufenden Landschweinen. Mit einem abgewetzten Jagdmesser zum Absäbeln. Fasste man ihn an, bekam man dunkle Finger. Die beste Stärkung nach jeder Wanderung. Ich erinnere mich noch an unsere erste Wanderung zur Villanderer Alm. In Kniebundhosen aus dunkelbraunem Kord. Wie hasste ich diese unförmigen, potthässlichen Gebilde! Dazu eine Thermoskanne voll kaltem, ungesüßtem Früchtetee. Igitt! Wir wanderten vorbei an sonnenüberfluteten Almwiesen mit Blumen in Farben, die ich nicht mal in meinem Malkasten hatte, und der war zweilagig. So steile Hänge, dass selbst das Vieh den Serpentinenweg benutzte. Wenn im Sommer das Heu in großen Ballen und Tüchern hochgeschleppt werden musste, dann war das Schwerstarbeit. Vorbei an Klara, der Kuh, die für den Schock meines Lebens sorgte, als sie mit ihrer schleimigen Zunge freundlich über mein Gesicht schleckte. Als wir dann Stunden später oben auf der Alm angekommen waren, dachte ich, hier endet die Welt. Im nächsten Stockwerk befindet sich der Himmel.

Ich schlendere die Dorfgasse in Villanders entlang, die dem Maler Defregger 1809 als stimmungsvolle Hintergrundkulisse für sein Bild »Das letzte Aufgebot« im Tiroler Freiheitskampf diente. Damals für mich völlig uninteressant. Ungleich spannender war der kleine Kramerladen an der Ecke, mit Säcken, aus denen Bohnen, Linsen, getrocknete Tomaten, *peperoncini* quollen, Packen von Wasserflaschen, Besen in grün, rot, blau und Süßigkeiten, die in überdimensional großen Marmeladegläsern auf der Holztheke standen, die, wenn ich lange genug erfolgreich gequengelt und meine Eltern überzeugt hatte, für mich in kleine Papiertütchen gefüllt wurden. Mit dem bittersüßen Geschmack kleiner Fruchtgummiteilchen auf der Zunge schlenderten wir dann bis zum Friedhof zwischen der Pfarrkirche St. Stephan und der St. Michaelkirche. Alle Gräber geschmückt mit Blaukissen und Alpenveilchen und schmiedeeisernen Kreuzen und Fernblick auf die Dolomiten. Die Kreuze befinden sich hier vor den Grabflächen und nicht dahinter, wie sonst überall in Südtirol. Der schönste Friedhof der Welt, dachte ich damals und denke ich heute immer noch.

Kastaniensammeln war eine meiner Lieblingsbeschäftigungen, zusammen mit Anton und Loisl. Ich freute mich wie eine Schneekönigin über jede stachelige Kastanie, die ich unter den knorrigen Bäumen hinter dem Haus entdeckte. Der Moment, in dem die sattgrüne Stachelschale aufsprang und die kleine, dunkelbraune, glänzende, samtweiche Frucht hervorsprang, entschädigte für alles Suchen. Unendlich riesig kamen mir die Kastanienbäume vor. Wie beneidete ich Anton, der schon groß genug war, um die unteren Äste der Bäume zu erwischen. An den langen Abenden in der Wirtsstube, an deren Wänden Schwarzweißbilder von wilden, furchteinflößenden Bergzacken hingen, daneben Geweihe und Gewehre, wurden an den schweren, alten Holztischen aus den glänzenden Früchtchen mithilfe von Streichhölzern oder Zahnstochern Giraffen, Elefanten oder Haustiere. Manchmal warf Johann Kastanien in die knisternde Glut. Esskastanien, nicht die Samtteile von meinen knorrigen Kastanienbäumen, wie er mir erklärte, nachdem ich eine Giraffe zur Vorbereitung für den Verzehr in das Feuer geworfen hatte.

Katzen jagen oder Kühe ärgern hieß mein Alternativprogramm an solchen Abenden. Gemeinsam mit Loisl verursachte ich wohl so manches Tiertrauma. Loisl bewunderte ich grenzenlos. Der Knilch war gerade einmal so hoch wie ich und sprach drei Sprachen. Er konnte sich mit mir verständigen, wenngleich mitunter einige Ausdrücke der Klärung bedurften, er fluchte wie ein Rohrspatz auf Italienisch und zusätzlich kommunizierte er mit seinem Bruder in einer Art Geheimsprache – Südtirolerisch, wie ich später herausfinden sollte. Welch Ungerechtigkeit!

Anton leitet jetzt den Hof, er hat ein fesches Mädel von einer Nachbaralm geheiratet und den Betrieb übernommen. Fast kahl ist er und kugelrund, der blaue Schurz, den er jetzt auch trägt, spannt um seinen Bauch. Johann ist uralt geworden. Tiefe Furchen durchziehen sein immer noch rosiges Gesicht, die meiste Zeit hockt er auf einer Bank an der Hauswand, pafft seine Pfeife und zwinkert mit halboffenen Augen in die Sonne. Maria dagegen ist vital wie eh und je und hat in der Küche das Kommando behalten. Fladenbrot wird immer noch so gebacken, wie sie es sagt. Basta! Der kleine Loisl ist inzwischen fast zwei Meter groß, trägt maßgeschneiderte Anzüge und ist Unternehmer. Er wohnt jetzt auch nicht mehr auf der Villanderer Alm, sondern hat mittlerweile eine schicke Penthouse-Wohnung in Bozen.

Die Sonntage in Villanders waren etwas Besonderes: wenn man von den Glocken geweckt wurde, die zum Kirchgang riefen. So laut, dass es schien, als sei die Kirche über Nacht gewandert und befinde sich direkt unter unserem Geranienbalkon. Die Gaststube war blitzeblank, aus der Küche roch es schon am frühen Morgen nach Braten. Heute frage ich mich, wann Maria an Sonntagen aufstand, um all das zu schaffen. Ganz vornehm sah Maria dann immer aus. Sie trug ein wunderschönes schwarzes Trachtengewand, das mir damals vorkam wie das Kleid einer Prinzessin. Über ihrem Haar, das sie zu Zöpfen geflochten und um den Kopf dekoriert hatte, trug sie ein herrliches schwarzes Spitzentuch. An ihren Händen, auf denen dicke blaue Adern lagen wie kleine Würmer, glänzten breite goldene Ringe, die sie sonst immer ablegte, wegen des Knödelteigs. Ganz dicht um ihren Hals hatte sie eine wunderschöne Kropfkette gebunden, die bei jedem Wort, das sie sagte, auf- und abhüpfte. Auch Johann war fesch, trug ausnahmsweise nicht seinen blauen Schurz, sondern Ledertracht, Anton und Loisl waren frisch gekämmt und gewaschen. Nach der Messe kamen die Männer zum Kartenspielen und auf ein Glas Roten in die Wirtsstube. Für mich gab es Eis am Tag des Herrn. Von Maria selbst gemacht. Ich spüre ihn noch auf der Zunge, jenen sahnig-cremigen Hauch von Vanille, süß wie die Sünde. Nie wieder habe ich so ein Eis gegessen.

Irgendwann hatte ich keine Lust mehr auf Familienurlaub in Villanders. Irgendwann wurden die glutäugigen Italiener an der Küste, die auf der Vespa vorbeiknatterten und »ciao bella« riefen, interessanter als der wortkarge Loisl auf der Alm. Doch Südtirol ist meine erste große italienische Liebe geblieben.

Das Kennenlernen

Um Südtirol kennen zu lernen, gibt es verschiedene Möglichkeiten. Die gängigste: ins Auto setzen und losdüsen.

Ist ja nicht so, dass es größerer Planungen bedürfte. Keine medizinische Vorsorge, keine Impfungen, keine Hamsterkäufe – dort gibt's ohnehin das Gleiche wie bei uns in den Supermärkten, die sogar genauso heißen. Nicht mal einen Flug muss man buchen. Einfach auf die Autobahn und los. Oder in den Zug. Mit der Nase im Reiseführer. Völlig unorthodox immer geradeaus Richtung Süden. Was die Gefahr mit sich bringt, im erstbesten einladenden Örtchen hängen zu bleiben, obwohl ein anderes nur ein paar Kilometer weiter viel schöner gewesen wäre. Dass die Highlights unbesichtigt an einem vorüberziehen. Was man natürlich erst hinterher feststellen würde und worüber man sich urlaubsnachträglich ärgern müsste.

Die nächstbeste Möglichkeit: Pauschalpaket buchen. Da geht's aber auch schon los. Wo will ich hin? Ins Tal? In die Berge? Vinschgau? Meraner Land? Sarntal, Bozen und Umgebung? Schlern? Und was will ich da tun? Die Südtiroler Tourismusmaschinerie wirbt mit dem blumigen Slogan »Magie der Vielfalt«. Gut und schön, aber wir haben nur eine Woche Zeit. Wie viel magische Vielfalt passt in sieben Tage? Welche der vielfältigen Möglichkeiten wählen wir? Und zuallererst, wann eigentlich? Südtirol hat ganzjährig Saison. Im Frühling, wenn im Vinschgau und im Überetsch die Obstkulturen zu blühen beginnen, ist die richtige Zeit für ausgedehnte Wanderungen. Im Sommer, wenn auch die höher gelegenen Täler schneefrei geworden sind, kommen Höhenwanderer und Extremkletterer in den Alpen auf ihre Kosten. Im Herbst, wenn die Lärchen langsam ihre Nadeln verfärben und sich im Weinlaub die reifenden Trauben verstecken, kann man hervorragend nach einer Wanderung im goldenen Licht der Jahreszeit zu den Schenken und Winzerhöfen pilgern. Sobald der erste Schnee fällt und die weiße Pracht lockt, holen die Wintersportler ihre Bretter hervor, um sich in den Skigebieten zu tummeln.

Irgendwann haben wir uns für eine Zeit und ein Ziel entschlossen, weil die Schlange hinter uns immer länger wurde und der Reisebürobesitzer mittlerweile im Minutentakt auf die Uhr sah. Zufrieden sitzen wir also in unserem Urlaubsdomizil, dann geht es schon wieder los mit der Magie der Vielfalt. Was wollen wir unternehmen? Wir erkundigen uns an der Hotelrezeption nach unseren Möglichkeiten. »Ois« könnten wir unternehmen, sagt uns der junge Bursche am Empfang. »Einfach ois.« Wandern? Mountainbiken? Klettern? Kletter-Mountainbiken-Trekking-Kombi? Radwandern? Extrembiking? Schwimmen? Raften? Wintersport? Alles zusammen? Wenigstens die Entscheidung, ob wir ans Meer wollen, bleibt uns erspart. Hinter dem Begriff Wintersport lauert übrigens auch wieder eine besorgniserregende Vielfalt: Da wäre das gängige Skifahren, Langlaufen, Skitourenfahren, im freien Gelände, ohne jede Piste, Skisafari. Mit oder ohne Elefant? Snowboarden, mit-dickem-Reifen-die-Pisten-runter, Rodeln, Eislaufen, in der Halle oder auf dem zugefrorenen See, Eisstockschießen, Schneeschuhwandern. Was ist denn Schneeschuhwandern? »Schon lange bevor der Mensch den Skilauf kannte, war der Schneeschuh bekannt. In den Alpen waren es die Bergbauern, die die ersten Schneeschuhe benötigten, um auf der Alm im Winter das Futter zu holen. Gebraucht wurden Schneeschuhe auch von Wilderern, Jägern und Schmugglern, um zu überleben«, erklärt der Rezeptionist und sieht mich an, als hätte ich null Ahnung. Da wir weder vorhaben zu schmuggeln, noch zu jagen, noch zu wildern, wollen wir auch nicht Schneeschuhwandern. Eisklettern an gefrorenen Wasserfällen, Paragliding über schneebedeckte Berge, mit oder ohne Brettern an den Füßen. Schneerafting? Das ist auch nett und bedeutet: in einem Schlauchboot die Schneepiste runter. Hilfe! Lieber ins Wasser mit dem Schlauchboot? Und dann? Rafting? Hydrospeed- oder Rivertrekkingtour? Oder ganz banal Schwimmen? Surfen, Parasurfen, Tauchen? Fliegenfischen? Und wo? Im Kalterer See mit mediterranem Flair, im klaren Gebirgssee, in einem Erlebnisbad, wo man wenigstens das Fliegenfischen auf jeden Fall schon mal streichen kann. »Allora«, sagt er und meint wohl, dass er auch nicht ewig Zeit hat.

Gut, dann wandern wir eben. So zum Auftakt. »Wie wandern?«, fragt der junge Bursche. Na, wandern eben, einen Fuß vor den anderen mit einem Anfang und einem Ziel. »Isch eh kloar«, grinst er und klärt uns auf, dass Wandern per se schon längst out ist. Egal, wir wollen ganz konservativ wandern. Kurzwanderweg, Höhenwanderweg, Weinwanderweg? Hüttenwanderung? Tagestouren? Auf Wanderwegen, Klettersteigen oder Waalwegen? Waal... was? »Das hat keinen tierischen Hintergrund, es handelt sich lediglich um alte Bewässerungsanlagen. Ein Netz von Waalen versorgt viele Anbauflächen mit Wasser aus den Gletscherregionen. Entlang der Kanäle verlaufen Wege, die sich zum Wandern eignen.« Na gut. Er könne uns aber auch eine »Natur-Erlebnis-Tour mit Gämsen- und Schneehühner-Gucken« wärmstens empfehlen. Oder Kulturwandern auf den Spuren von Rittern und Burgfräulein. Oder Kräuterbesichtigungswandern. 24-Stunden-Wandern, rund um die Uhr an die eigenen Grenzen gehen. Oder »Nostalgie-Trekking: ein Spagat zwischen Tradition und Gegenwart durch die Verbindung von zeitgenössischem Wandern und ursprünglichem Wohnen in unserem Lebensraum. Mit Übernachtungen in Almhütten, die ein unvergessliches Erlebnis bescheren und die Gruppe zusammenschweißen«, steht in dem Prospekt, den er uns hinhält. Anschließend könnte er uns Wellness empfehlen. Klingt gut. Machen wir. Endlich eine leichte Wahl. Von wegen. Soll es das Almpaket Wellness sein? Türkische oder finnische Sauna? Das »Rosenbad Kaiserin Sisi«? Ein Latschenkieferbad? Oder vielleicht ein Heubad?

Also gut, beschließen wir Stunden später, fest entschlossen, ihn herauszufordern. Dann wollen wir eben von allem etwas. Überraschungsei-Effekt sozusagen. Wandern, Naturerlebnis, Geschichte, Überraschung, Spannung, Mitbringsel inklusive. So, jetzt stößt Mr. Vielfalt an seine Grenzen! Doch der grinst nur listig und schickt uns auf die Grand-Canyon-Tour in die Bletterbachschlucht. Der beste Einstieg befindet sich bei Aldein, in der Nähe von Deutschnhofen. Dass echte Dinosaurier durch das Gebiet des heutigen Europa stapften, ist ungefähr zweihundertsechzig Millionen Jahre her. In Südtirols »Grand Canyon«, der Bletterbachschlucht, kann man immerhin die Spuren der urzeitlichen Riesenechsen verfolgen. Auch wenn der Vergleich mit dem amerikanischen Grand Canyon reichlich hinkt, lohnt sich der Weg dorthin nicht nur für Paläontologen und Geologen. Die Schlucht, die der Bletterbach in fünfzehntausend Jahren bis zu vierhundert Meter tief gegraben hat, ist ein wahres Paradies. Es gibt Versteinerungen aus der Frühzeit, die von der üppigen Fauna und Flora der Urzeit zeugen, an den Felswänden sind Gesteinsformationen aus dem Erdaltertum vor zweihundertachtzig Millionen Jahren bis zum Erdmittelalter vor zweihundertfünfunddreißig Millionen Jahren zu beobachten, an denen Geologen die Entstehung der Dolomiten nachvollziehen können. Sogar ein versteinerter fleischfressender Saurier wurde im Bletterbach entdeckt. Der Wanderweg in die Schlucht hinein ist ein herrlicher Ausflug, man findet zwar keine Saurier mehr, aber dafür ausgesprochen schöne Malachiten und Azurite, bestens geeignet als Souvenir. Der Weg endet im »Butterloch« und man hält unwillkürlich den Atem an, wenn die tosenden Fluten fünfunddreißig Meter in die Tiefe stürzen. Wir steigen noch die hundertachtzehn steilen Stufen hinauf und blicken staunend über den Wasserfall und in die Schlucht. Danach geht's ab ins Heubad. Es lebe die Magie der Vielfalt!

Vom »*Törggelen*« und allerlei anderen Genüsslichkeiten

Horst hat Schlagseite. Der kugelbäuchige Mittfünfziger mit goldgerahmter Nickelbrille über wasserblauen Augen hängt in der uralten, rauchigen Bauernstube mit Herrgottswinkel, die aussieht, als sei sie seit Kaiser Franz' Zeiten nicht mehr renoviert worden, neben dem knisternden Kamin in den Seilen und versucht, nicht sonderlich erfolgreich, Herr seiner Zunge zu werden. Lilo, seine Frau, eine energische, schmallippige Dame mit dynamischem Kurzhaarschnitt, hatte es vorausgesehen. Jedes Glas Wein, das sich Horst eingoss, begleitete sie mit einem missbilligenden Schnalzgeräusch. Um in der geselligen Runde nicht als Spielverderberin dazustehen, sagte sie nichts, machte gute Miene zum bösen Spiel und kaute hingebungsvoll an dem Speck, den die Bäuerin aus der hauseigenen Selchkuchl geholt hatte. Das hat der Horst jetzt eben davon, denkt sie und knuspert geräuschvoll ein Stück Schüttelbrot, selbst gebacken. Wenigstens fahren muss er nicht, denn vor dem Weinlokal wartet ein Bus, der nach erfolgter *Törggelei* alle Ausflügler wieder einsammelt. Heinz torkelt weinselig von dannen.

Nein, entgegen anders lautender Verdachtsmomente kommt *Törggelen* nicht vom Torkeln. Es kann zwar durchaus vorkommen, dass man ins Torkeln gerät, wenn der Brauch allzu intensiv vollzogen wird, doch der Begriff leitet sich vom Lateinischen »torculum« ab, und das bedeutet »Weinpresse«. Das *Törggelen* ist des Südtirolers und des Südtirol-Urlaubers liebste Herbstbeschäftigung. Was dem Londoner sein Lieblingspub und dem Pariser sein präferiertes Bistro, ist dem Südtiroler sein *Törggelenwirt*. Ein Ort des Rebensaftes, den er alle Jahre wieder zur Zeit der Edelkastanien ansteuert, um den jungen Wein bedächtig zu kosten. Bedächtig, wohlgemerkt! Das Südtiroler *Törggelen* nämlich ist eine eher philosophische Angelegenheit, ja fast eine Art Wallfahrt, die keinesfalls in Suff ausarten sollte. Ein mindestens einstündiger Anmarsch in den letzten warmen Herbstsonnenstrahlen gehört ebenso dazu wie der leichte Wind in den Reben. Schon ein wenig müde vom Wandern, lässt sich der *Törggeler* dann an einem ehrwürdigen Holztisch oder in einem kühlen Keller nieder und wählt sorgsam zwischen Chardonnay, Silvaner, Vernatsch, Blauburgunder oder Lagrein, um dann jeden Tropfen gleichsam sorgfältig und gerecht zu überprüfen. Diese sinnliche Zeremonie gehört mit einer zünftigen Brettljause aus durchwachsenem Bauernspeck, geräucherten Kaminwurzen, Almkäse, vielen Nüssen und noch viel mehr gebratenen Edelkastanien untermauert. So ist das *Törggelen*.

Begonnen hat alles als Tauschgeschäft, vermutlich im Eisacktal, besagt eine Theorie. Die Bauern unten im Tal besaßen Weinberge, aber keine Weiden für ihr Vieh, die Bauern in den höheren Lagen wiederum keine Möglichkeit, Reben anzubauen. Also einigte man sich darauf, dass der Bauer im Tal sein Vieh mit auf die Almen schicken durfte, dafür revanchierte er sich bei dem Bergbauern mit einem üppigen Mahl und neuem Wein. Es gibt noch eine weitere, etwas banalere Theorie, wonach Wirte und Weinhändler im Herbst ganz unromantisch in die Weingebiete zogen, um sich neue Vorräte anzulegen. Ursprünglich war das *Törggelen* jedenfalls eine private Angelegenheit. Der Weinbauer lud sich nach der Lese ein paar Freunde und Bekannte ein, um den Wein zu kosten. *Kesten*, geröstete Kastanien, kamen auf den Tisch, eine Schlachtplatte. Dazu gab es den *Nuien*, den blassrot-fruchtigen neuen Wein, und den kaum vergorenen *Suser*. Man kostete sich durch, fällte sein Urteil, teilte es dem Gastgeber mit und zog weiter. Heimwärts oder als tapferer Tester zum nächsten Weinbauern. Das klassische *Törggelen* war früher einmal ein Herbstbrauch, doch inzwischen gibt es immer mehr Betriebe, die das ganze Jahr über geöffnet haben. Nur eines bleibt noch allein der traditionellen *Törggelenzeit* vorbehalten: *Kesten* essen …

Archäologische Funde bezeugen, dass bereits 300 vor Christus Reben in Südtirol angebaut wurden, das älteste Zeugnis ist ein in Brixen gefundenes Tongefäß mit Traubenkernen. Im Mittelalter kümmerte sich vor allem die Geistlichkeit verstärkt um den Rebenanbau – schließlich benötigte man ja süffigen Messwein. Zudem servierte man Pilgern als Willkommensgruß gerne mal ein Gläschen. Die guten Tropfen dienten aber auch als Medizin und Bestechung für unkooperative Zöllner. Seit diesen Zeiten gilt der Wein als Wirtschaftsfaktor, schon früh waren Weinanbau und -ausschank von den Obrigkeiten geregelt. Nach der Säkularisierung gingen die Weinberge größtenteils in den Besitz von Bauern über, erste Winzergenossenschaften wurden gegründet.

Rund vierhundertfünfzigtausend Hektoliter Wein werden in Südtirol heute jährlich erzeugt, davon fünfundsechzig Prozent Rotwein und fünfunddreißig Prozent Weißwein. »Weißwein nur bis zum Mittagsläuten«, heißt die Devise, so erklärt sich auch der Rotweinüberschuss. Vernatsch mit seinen Varianten ist die am meisten angebaute Rebsorte. Aus ihr kommen beispielsweise Kalterer See, Bozner Leiten oder Meraner Hügel. Bei dem Namen Kalterer See lief es den Weinkennern noch vor Jahren eiskalt den Rücken hinunter. In Zweiliterflaschen fristeten die Weine ihr Dasein in den Regalen der Supermärkte. Fuselig, billige Massenware, wild verschnitten, waren noch die freundlichsten Kommentare. Doch diese Zeiten sind vorbei. Vom Aschenputtel zum Star: Das nördlichste Weinanbaugebiet Italiens ist in der zweiten Hälfte der neunziger Jahre richtig durchgestartet. An der Spitze der Revolution der Südtiroler Weinkultur standen renommierte Erzeuger wie Alois Lageder oder Peter Dipoli. Auch Kalterer See ist inzwischen ein Qualitätsprodukt und als solches neidlos anerkannt. Einheimische weiße Rebsorten sind Traminer, Gewürztraminer und Terlaner. Schön auch Lagrein und Vernatsch. Etwa fünfundachtzig Prozent der Südtiroler Weine tragen das Prädikat DOC, die kontrollierte Ursprungsbezeichnung, die gewährleistet, dass das drin ist, was draufsteht. Mit allergrößter Ehrfurcht sollten Sie den weißen Versoaln von Schloss Katzenzungen bei Prissian kosten, der dem ältesten Weinstock Europas entstammt. Ein wenig Respekt gebührt auch dem Feldmarschall der Kurtatscher Kellerei Tiefenbrunner, der in zwölfhundert Meter Höhe auf dem höchsten Weinberg Italiens reift.

Was isst man nun beim *Törggelen*? Allem voran: Speck. *Kirnig* muss der sein, also gut durch und gut gewürzt. Am besten schmeckt der neunmonatige Speck, der schon etwas *keif* ist, wie man hier sagt. Die Südtiroler essen übrigens am liebsten die fetten, durchwachsenen Teile, der magere Speck landet gewürfelt im Speckknödel. Gut durch sollte auch die Kaminwurz sein, eine rohe, geräucherte Wurst, ebenfalls eine beliebte *Törggelen*-Zutat. Gut luftgetrocknet in der Südtiroler Luft. Früher hängte man die Würste direkt in den Rauchabzug, daher der Name. An kalten Köstlichkeiten werden wahlweise Almkäs, Graukäs, ein leichter Frischkäse, der mit Zwiebeln und Öl angerichtet wird, saurer Kalbskopf oder Presssack gereicht. Quasi all inclusive, die Brettljause. Sie vereinigt auf einem Holzbrett Speck, Kaminwurz, Käse und eine Portion Kren. Dazu knuspert man Brot, eine Wissenschaft für sich in Südtirol. Da wäre das Bauernbrot, das würzige Vinschger Paarl, das Vorschlagbrot, ein flaches Brot aus Roggen- und Weizenmehl, das knackige Schüttelbrot oder das schlichte Weißbrot. So weit die grobe Einteilung. Dazu wird Brot mit Nüssen, mit Rosinen, mit allen essbaren Samen und Körnern gebacken. Brot isst man nicht nur, mit besonderer Leidenschaft tunkt man es auch in die Suppe. Was dem Süditaliener seine Pasta ist dem Südtiroler sein Süppchen. Mit Hingabe löffelt er seine Frittaten-, Backerbsen- oder Milzschnittensuppe.

Dann wäre da die Knödelfraktion: als Vorspeise in der Suppe, als Leberknödel, als Käse- oder Spinatknödel in zerlassener Butter. Am Knödel erkennt man den Koch, unken übrigens die Südtiroler. Locker flockig muss er sein, bloß nicht klumpig schwer oder schwabbelig weich. Das Maß aller Dinge ist jedoch der Speckknödel. Wie es traditionsbewusste Bayern gibt, die in jedem Wirtshaus einen Schweinsbraten probieren, gibt es Südtiroler, die überall grundsätzlich erst mal den Speckknödel testen. Ist geräucherter Speck drin oder ist er etwa – oh Graus – mit Mortadella gestreckt? Sind frische Gartenkräuter drin? Ist der Knödel dottrig gelb oder leichenblass? Ist er luftig zart oder hart wie ein Tennisball? Kann man ihn leicht mit der Gabel teilen oder muss man gar das Messer benutzen? Die

Konkurrenten der leckeren Kugeln sind Schlutz-krapfen, gefüllt mit Spinat oder Topfen, frisch aus der Pfanne, Käsenocken, Spinatspätzle, Erd-äpfelplatteln, Hexenschlucker, Teigtaschen mit Pilzfüllung oder Polenta. Dazu gibt's hausge-machte Würste, mit Kraut, Weiß- oder Rüben-kraut, und Surfleisch, gemischtes Gekochtes mit Kren- oder grüner Sauce, Gulasch, Kapuziner-fleisch, Nieren mit Bohnen und Speck. Oder Ge-bratenes wie deftigen Schweinsbraten, Lamm-braten, Schweinerippen, Schweinsstelze oder Bauernschöpsernes, ein Eintopf aus Hammel-fleisch, Kartoffeln und Rotwein.

Zum krönenden Abschluss zeigt die Hausher-rin noch einmal, was sie kann. Frisch Gebackenes wird aufgefahren. Strauben, Striezeln, Nigelen, Bauernkrapfen mit Mohn, Kastanien, Marmela-de, Apfelkuchen, Marillenknödel, Schlosserbu-ben, in Backteig getauchte und ausgebackene Pflaumen und Strudel mit Äpfeln, Kirschen oder Topfen. Tschüss Idealgewicht, hallo Diät …

Fällt Ihnen etwas auf? Wir sind in Italien, doch die Gerichte muten eher österreichisch oder bayerisch an als mediterran. Da können Sie sich die Gesichter der Süditaliener vorstellen, die zum ersten Mal ihre nördlichste Region be-suchen, vor einer Speisekarte sitzen und sich im Ausland wähnen. Daneben gibt es natürlich auch in Südtirol eine neue Köchegeneration, jene jungen Wilden mit dem Kochlöffel, die auf globale Küche setzen und Löwenzahnravioli oder Gnocchi aus Roten Beeten kreieren.

Darauf einen Schnaps: wahlweise Alpen-kräuter-, Minze-, Holler-, Brennnessel-, Almro-sen- oder Obstschnaps, einen Treber oder am besten gleich einen Enzian, eisgekühlt. An dieser Stelle sei ein großes hochprozentiges Rätsel gelüftet: Wie kommt eigentlich die Birne in die Schnapsflasche? Man nehme eine junge, noch am Baum hängende kleine Frucht, stecke sie durch einen extradicken Flaschenhals und binde die Flasche an den Baum. Oder aber man fräst ganz einfach den Flaschenboden raus, packt die Birne hinein und klebt den Flaschenboden wieder drauf.

Wer vom *Törggelen* nicht genug bekommen – und es sich figürlich leisten – kann, urlaubt am besten entlang der Weinstraße: Weinberge, Burgen, bunte Häuser, dahinter Berge. Die Weinstraße führt durch die Gegend, wo die Trauben berühmter Weine reifen: Pinot Bianco, Cabernet Sauvignon, Traminer. Sie schlängelt sich auf sechsunddreißig Kilometern von Bozen nach Salurn, gesäumt von Kellereien und Weinhandlungen.

Der älteste aller *Törggl* steht übrigens in Lana in einem Museum, das dem Obstanbau gewidmet ist. Denn gleich nach der Traube kommt in Südtirol der Apfel, es ist Europas größtes zusammenhängendes Apfelanbaugebiet. Kilometerlange Baumreihen in Reih und Glied, unübersehbar, wenn man auf der Autobahn Richtung Süden fährt. Kleinwüchsig sind sie, damit das Ernten leichter geht und die Früchte besser schmecken.

Voll mit rosa und weißen Blüten im Frühjahr, voll mit dickbackigen Äpfeln im Herbst. Topstar ist der süße, saftige Delicious, andere Sorten werden kaum mehr angebaut. Ein bisschen Red Delicious ist noch dabei, etwas Jonagold und Granny Smith. Die Nachfrage bestimmt das Angebot. Die einheimischen Sorten wurden dem EU-Massengeschmack geopfert. Nur noch einige wenige Ökobauern lassen traditionelle Sorten wie Reinette, Klarapfel und Gravensteiner an ihren Apfelbäumen baumeln. Aber wenn Sie eine dieser Sorten erwischen sollten, unbedingt reinbeißen! Auch so kann Apfel schmecken!

Zwei Seelen in einer Brust – Der Krieg um die Autonomie

Ihre Körper waren entstellt, die Uniformen zerfetzt, und in ihren Gesichtern spiegelte sich noch ihr verzweifelter Todeskampf. Nach sechsundachtzig Jahren fand im Sommer 2004 ein Militärhistoriker und Bergwachtler die mumifizierten Leichen von drei Soldaten der Tiroler Kaiserschützen, die im brutalen Winter 1918 gefallen waren. Der Weg über die Alpen führte in den meisten Fällen durch Südtirol. Wegen ihrer strategisch günstigen Lage war die Region immer wieder heiß umkämpft. Doch die Südtiroler waren keine leichte Beute. Vor allem während des 18. und 19. Jahrhunderts und im Ersten Weltkrieg wehrten sich die Tiroler mit aller Kraft gegen Eindringlinge. Am 23. Mai 1915 trat Italien mit der Kriegserklärung an Österreich-Ungarn in den Ersten Weltkrieg ein. Südtirol wurde Schauplatz erbitterter Kämpfe, quer durch die Dolomiten verlief damals die Front. Mit Kämpfen auf über dreitausend Metern stellten diese eines der höchst gelegenen Schlachtfelder der Geschichte dar.

Italienische Alpini, für den Hochgebirgskampf ausgebildete Soldaten, rückten aus dem Süden vor, die Frontlinie zog sich durch das Trentino und durch Südtirol. Über dreihundert Kilometer erstreckte sich die Alpenfront. Noch heute künden Gräben, Höhlen und zerfallene Stellungen von den Kämpfen, sehr oft Mann gegen Mann.

Wie viele Menschen in den Schlachten umkamen, ist nicht bekannt. Tag und Nacht wurde gekämpft, jeder Gipfel, jeder Passübergang wurde verteidigt. Ganze Berge wurden ausgehöhlt, mit Sprengstoff gefüllt und in die Luft gejagt. Die erschütternden Tagebuchaufzeichnungen der Kämpfenden belegen, dass es noch einen weiteren Feind gab: die Natur. Eisige Orkane fegten über die Berge, die Temperatur fiel auf bis zu minus vierzig Grad. In den besonders grausamen Wintern 1915 und 1918 bedeckten teilweise bis zu sechs Meter Schnee die Hänge, und es waren die Lawinen, die mehr Menschen niedermähten als die Gewehrkugeln. Historiker schätzen, dass allein durch Lawinen bis zu fünfzigtausend Menschen ihr Leben in den Dolomiten verloren. Die drei toten Soldaten aus dem Eis wurden übrigens geborgen und mit allen Ehren auf einem Gefallenenfriedhof bestattet.

Im Frieden von 1919 nach der Niederlage der österreichisch-ungarischen k. u. k. Monarchie musste die Alpenregion an Italien abgetreten werden, doch die Bindung an Innsbruck blieb weiterhin stark. Im Friedensvertrag wurde der deutschsprachigen Bevölkerung Kulturautonomie zugesichert, die auch eingehalten wurde, bis 1922 Mussolini an die Macht kam.

Der Diktator setzt auf Italianisierung. Zwangsitalianisierung. Der Name »Südtirol« wird bei Strafandrohung verboten. Die deutsche Sprache wird gestrichen, deutsche Ortsnamen sind fortan verboten, sogar deutsche Grabinschriften nicht mehr gestattet. Manche Orte klingen in ihrer italienischen Version höchst merkwürdig. Sterzing etwa heißt in der italienischen Version Vipiteno. Da versagt jede Eselsbrücke! Schuld daran ist – in vielen Fällen – Ettore Tolomei, ein glühender Nationalist. Schon vor dem Ersten Weltkrieg setzte er sich für die Italianisierung Südtirols ein und übersetzte Zehntausende von deutschen Orts- und Flurnamen ins Italienische. Meist völlig willkürlich. Von den faschistischen Machthabern wurden seine Übersetzungen kritiklos übernommen und sie gelten bis heute. Daher heißt Kurtatsch Cortaccia und Kastelruth Castelrotto. Und Burg Fortezza. Nicht einmal vor Familiennamen machte er Halt. Über fünftausend knöpfte sich der in Rovereto geborene Tolomei im Rahmen der ihm von Mussolini höchstpersönlich übertragenen Aufgabe »Südtiroler zu Italienern machen« vor. So wurde aus Familie Stein auf einmal Familie Pietro. Um den italienischen Anteil in Südtirol zu erhöhen, wurden an die hunderttausend Italiener aus Süditalien nach Südtirol umgesiedelt. Mit Versprechungen und Subventionen. Anreiz war eine neuartige Industriezone, durch die Mussolini die Zuwanderung ankurbelte. Ende der dreißiger Jahre war dadurch bereits ein Viertel aller Bewohner Südtirols italienischer

Abstammung. Im Gegenzug lernten die Südtiroler Kinder in »Katakombenschulen« heimlich Deutsch.

Als Adolf Hitler 1938 Österreich »heim ins
Reich« holte, keimte in den Südtirolern Hoffnung. Doch der Diktator wollte sich nicht mit
Mussolini anlegen und erkannte schnell die
Brennergrenze an. Mit dem Jahr 1939 und einem
Umsiedlungsabkommen begann ein trauriges
Kapitel in der Südtiroler Geschichte. Die Südtiroler sollten sich entscheiden, in ihnen zugeteil-
te Gebiete im Deutschen Reich auszuwandern
und damit die deutsche Volkszugehörigkeit zu
erhalten oder als italienische Staatsbürger mit
italienischem Familiennamen in Südtirol zu
bleiben. Frauen und Kinder wurden nicht ge-
fragt, die Entscheidung musste das Familien-
oberhaupt treffen. Die so genannte »Option«
zerriss ganze Dörfer und Familien. Genaue Zah-
len gibt es nicht, doch man geht davon aus, dass
sich über hundertfünfzigtausend Menschen zur
Aussiedlung entschlossen, meist die, die kein eigenes Land besaßen. Die, die gingen, wurden
als Verräter beschimpft, die, die blieben, wurden
wie Aussätzige behandelt, boykottiert und sogar
tätlich angegriffen. Zudem lebten sie in ständi-
ger Furcht, denn Gerüchte machten die Runde,
die »Dableiber« würden später nach Sizilien
umgesiedelt. Der Ausbruch des Zweiten Weltkriegs stoppte die Auswanderungswelle. Nach
1945 kehrte ein Großteil der Auswanderer nach
Südtirol zurück, ein paar Jahre später durften

sie auch die italienische Staatsbürgerschaft wieder annehmen.

Am 5. September 1946 ratifizierten Italien und Österreich ein Abkommen, das den weiteren Verbleib Südtirols bei Italien fixierte, den Südtirolern jedoch Kultur- und Verwaltungsautonomie zusicherte. Die neue Region allerdings war eine Doppelregion, hieß »Trentino-Alto Adige«, und hier lag der Hase im Pfeffer: Die Italiener waren in der Mehrheit. Staatsbeamte blieben fast ausschließlich Italiener, sogar der Schriftverkehr zwischen deutschsprachigen Gemeinden durfte nur auf Italienisch erfolgen. 1957 platzte den Südtirolern der Kragen und sie demonstrierten gegen die Gleichberechtigung, die nur eine Mogelpackung war. Südtirol erlebte bewegte Jahre mit Protesten, die teilweise sogar gewalttätig waren. 1960 brachte Österreich die Südtirol-Frage vor die UNO. Es folgten ergebnislose Verhandlungen, die viele Menschen mit noch mehr Protesten und einige mit Bombenanschlägen quittierten. 1969 einigten sich Rom und die 1945 gegründete Südtiroler Volkspartei SVP schließlich auf das »Südtirol-Autonomie-Paket«. Dieses sah einen neuen Autonomiestatus für die Alpenregion vor und umfasste diverse Maßnahmen zum Schutz der deutschsprachigen Bevölkerung. So wurde darin eine 2:1-Quotenregelung beschlossen, nach welcher sich auch die Vergabe von Staatsämtern zu richten hatte. Österreich überwachte die Einhaltung der Vereinbarungen. 1992 erkannte Österreich formell an, dass die italienische Regierung ihre Pflichten erfüllt hatte, und der jahrzehntelang schwelende Streit war endlich beigelegt. Mit im Paket war auch die Finanzautonomie, Dank derer Südtirol heute wirtschaftlich besser dasteht als die meisten anderen Regionen Italiens.

Südtirol heißt jetzt »Autonome Provinz Bozen-Südtirol«, Deutsch ist die zweite Amtssprache, alle Arbeitsplätze im öffentlichen Dienst werden nach einem strengen ethnischen Proporz vergeben. Sucht etwa die Stadtverwaltung Bozen drei Busfahrer, müssen zwei von ihnen der deutschen und einer der italienischen Sprachgruppe angehören. Auf den Ortstafeln stehen der deutsche und der italienische Name. Alle zehn Jahre müssen sich die Südtiroler im Rahmen einer Volkszählung outen und sich einer der drei Sprachgruppen – Deutsch, Italienisch oder Ladinisch – zugehörig erklären. Als einzige Provinz Italiens trägt die Südtiroler Fahne keine Tricolore-Quaste. Die jahrzehntelange Zugehörigkeit zu Italien hat die Tiroler Traditionen jedoch nicht auslöschen können, in jedem noch so kleinen Dorf wird Tiroler Tracht getragen, werden die religiösen Feste so zelebriert wie anno dazumal. Tageszeitungen gibt es auf Deutsch, Italienisch und Ladinisch, es gibt Fernseh- und Radioprogramme in diesen Sprachen und in Bozen eine Uni, wo die Studenten ihr Studium in Deutsch oder Italienisch absolvieren können. Deutsche beziehungsweise österreichische Gerichte bestimmen die Küche, in den meisten Fällen fehlt auch das *coperto*. Der Rhythmus der Region liegt irgendwo zwischen der nordisch-deutschen und der mediterran-italienischen Welt. Und genau das macht seinen unwiderstehlichen Zauber aus.

»Südtirol ist in Italien eine einzigartige Region«, bestätigt auch Dr. Christoph Engl, Direktor der höchst engagierten Südtirol Marketing Gesellschaft. Es wird von den Südtirolern selbst als ein wenig exotischer Teil des Staatsgebiets angesehen, wie er meint. »Hier spricht ein Großteil der Bevölkerung Deutsch als Muttersprache, hier wird habsburgische Kultur sichtbar, hier kennt man sich mit österreichischen Mehlspeisen genauso wie bei *spaghetti* und *risotti* aus, hier ist die Baukultur eine ganz andere als im restlichen Italien und Traditionen haben hier einen ganz besonderen Stellenwert.« Als nördlichste Region Italien gestehe man Südtirol auch die »Frische« des Nordens zu, man wisse von den bestausgerüsteten Skigebieten Italiens und von den so liebenswerten Bauernhöfen mit den roten Geranien auf den Balkonen, schwärmt Dr. Engl von seiner Heimat. »Südtirol hat sich der italienischen Übermacht des Staates nie gebeugt, seine Eigenständigkeit verteidigt und ist damit auch politisch zu einer ernst zu nehmenden Größe in Italien geworden. Dies alles verleiht dieser Destination ein ganz besonderes Flair und eine ganz besondere Anziehungskraft.« Er selbst ist waschechter Südtiroler, der Deutsch als Muttersprache und einen italienischen Pass hat. Er spricht die italienische Sprache ziemlich perfekt, hat sein Universitätsstudium teilweise in Italien absolviert und mag die italienische Kultur der Improvisation genauso wie die deutsche Gründlichkeit. »Meine Familie ist seit 1733 in Bozen ansässig, wir kamen als Hufschmiede über Salzburg hierher. Noch heute ist ein Teil meiner Familie im Metallgewerbe tätig und setzt damit die Tradition dieses Handwerks fort«, erzählt er. »Mein Herz schlägt für Südtirol, und Südtirol ist ein Teil Italiens, ein ehemaliger Teil Österreichs und der Schnittpunkt von zwei verschiedenen Kulturkreisen, die sich hier überschneiden und ergänzen.«

Bozen – Wo man auf Italienisch flucht und sich auf Deutsch unterhält

»Bei heiterem Sonnenschein kam ich nach Bozen. Auf dem Platze saßen Obstweiber mit fla-
chen, runden Körben, über vier Fuß Durchmesser, worin die Pfirsiche nebeneinander lagen,
dass sie sich nicht erdrücken sollten«, schrieb
Dichterfürst Johann Wolfgang von Goethe 1786
in seiner »Italienischen Reise«. Das Herz der
Südtiroler Hauptstadt pulsiert auch heute noch
auf dem von Goethe gerühmten Obstmarkt, zu
dem die berühmte Laubengasse führt. An den
Ständen locken üppige Auslagen voller Kirschen, Nektarinen, Auberginen, Bohnen und Sa-
latköpfe. Paletten voller duftender Pfirsiche,
Melonen, Oliven als Zitronenoliven, Knoblauch-
oliven, Kräuteroliven. Hier kaufen und verkau-
fen Einheimische, was gerade vom eigenen Feld
kommt oder aus Süditalien und der Welt aus
der Großmarkthalle geliefert wurde. Nirgendwo
sonst in Südtirol ist die Auswahl an Früchten zu
jeder Jahreszeit reicher als hier. Nirgendwo
sonst ist Südtirol bunter. Die Frauen am Stand
parlieren fließend Deutsch mit den Alpini mit
ihren federgeschmückten Filzhüten und wech-
seln blitzschnell die Sprache, wenn die Gemü-
seorder italienisch ausfällt. Die schicke Boznerin
im modischen Dolce & Gabbana-Outfit prüft neben dem Burschen aus dem Passeiertal, der Ti-

rolerhut trägt und die traditionelle Jacke mit den roten Aufschlägen, die Härte der Pfirsiche mit kritischem Fingerdruck.

Bozen besteht aus Kontrasten. Da ist die Altstadt mit verwinkelten Gassen, verschachtelten Häusern, Laubengängen. Und die Neustadt mit schnurgeraden, breiten Straßen, hohen, streng gegliederten Gebäuden. Palmen, Agaven, Ölbäume, und dann wieder üppige Geranien. Unter den Lauben alte, ehrwürdige Gewölbe, darin Boutiquen mit glitzernden Glasfronten. Der Waltherplatz im Zentrum der Stadt mit dem Walther-von-der-Vogelweide-Denkmal und dem supermodernen Hotel Greif, Bozens erstem Haus am Platz, ist eine imposante Symbiose aus Tradition und Moderne. Bozen liegt da, wo der Norden endet und der Süden beginnt, wo Palmen und Geranien friedlich nebeneinander gedeihen, wo man sich auf Deutsch unterhält und auf Italienisch flucht. Wo pünktlich zum Ladenschluss die Bürgersteige hochgeklappt werden und mittags drei Stunden Siesta gehalten wird. Wo es die besten Erdäpfelpuffer und die authentischste neapolitanische Pizza gibt. Und wo man den ersten wirklich anständigen Cappuccino nach der Grenze bekommt. Bozen ist eine Schnittstelle der Kulturen und war es seit jeher. Über Jahrhunderte musste jeder Künstler hier vorbei, wenn er nach Italien reiste oder von Italien aus den Norden erobern wollte. Dieser rege Austausch hat das Geistesleben geprägt.

Doch zurück zu den Ursprüngen. In frühgeschichtlicher Zeit wollte sich keine Mensch im Bozener Talkessel niederlassen, denn es war ödes, gefährliches Sumpfgebiet, ständig von Überschwemmungen durch die drei Flüsse Etsch, Eisack und Talfer bedroht. Im Sommer war es noch dazu drückend heiß und ein bevorzugter Aufenthaltsort der Malariamücke, die bis zur Regulierung der Etsch Ende des 19. Jahrhunderts eine große Gefahr darstellte. Viele Menschen starben an ihren Stichen. Spuren der ersten Siedlungen finden sich daher auf den umliegenden Bergketten und Höhen. Die Römer gründeten später zwischen Etsch und Eisack Pons Drusi. Es soll sich in etwa dort befunden haben, wo heute der Dom steht. Nach den Römern kamen erst die Goten, dann Franken, Langobarden und Bajuwaren, die sich schließlich durchsetzen konnten und Castellum Bauzanum anlegten.

Den erste Stadtkern, der etwa im Bereich der heutigen Laubengassen gelegen haben soll, gründete Bischof Ulderich II., der die Region im 11. Jahrhundert von Konrad II. bekam. In Windeseile entwickelte sich die Stadt zu einem bedeutenden Handelszentrum, innerhalb kürzester Zeit bekam sie Stadtmauern, Graben und das Stadtrecht. Der Handel blühte und die Stadt wuchs. Als dann auch noch der Brenner ausgebaut wurde und der frühzeitliche »Transitverkehr« durch Bozen lief, entwickelte sich das ehemalige Sumpfgebiet zu einem Handelsumschlagplatz zwischen Italien und Deutschland.

Im 19. Jahrhundert machte vor allem der Stadt-
teil Gries Karriere als Luftkurort – auch dank
dem Bau der Eisenbahnverbindung. Mit die größten Veränderungen erfuhr die Stadt in den Jahren des Faschismus. Obst- und Weingärten wurden niedergemacht, dafür neue Stadtteile aus
dem Boden gestampft. Ein schönes oder besser
hässliches Beispiel hierfür ist die Neustadt mit
ihren langen, kerzengeraden Straßenzügen, sie
wirkt monumental und unpersönlich.

Die Italianisierung und die Industrialisie-
rung brachten gigantische Veränderungen und
Träume von einem »Grande Bolzano«. Die ersten Gebäude ließ Mussolini 1926 von seinem
Lieblingsarchitekten Marcello Piacentini auf der
grünen Wiese am Ufer der Talfer planen, zwei
Jahre später ließ er den Triumphbogen errichten,
Symbol des italienischen Sieges über alle Feinde
jenseits der Alpen. Ein Architektenteam um Piacentini – die besten ihrer Zeit – erledigte dann
den Rest und drückte den Gebäuden den Stem-
pel der faschistischen Bauästhetik auf. Eigentlich sollte auch die Altstadt »kosmetisiert«
werden, die Laubenganghäuser breiten Straßenzügen zum Opfer fallen. Doch der Widerstand
der Bevölkerung zögerte die Abbruchaktion so
lange hinaus, bis der Krieg kam und es Wichti-
geres zu planen gab.

Die Einwohnerzahl wuchs sprunghaft von
etwa dreißig- auf neunzigtausend an. So war
mit einem Mal in Bozen ein sehr viel höherer
Anteil italienischsprachiger Bewohner daheim

als im restlichen Südtirol, was bis heute so geblieben ist.

Mittlerweile sichert das Autonomiestatut Südtirols den deutsch- und ladinischsprachigen Bevölkerungsgruppen wieder die offizielle Anerkennung ihrer Muttersprachen. Ladinisch? Maria hat einen Laden in der Bozener Innenstadt und spricht fließend Deutsch und Italienisch, doch als sie sich zum ersten Mal in ihrer Muttersprache mit mir unterhielt, verstand ich nicht einmal mehr »Bahnhof«. Ladinisch ist eine rätoromanische und damit eine romanische Sprache, die im Norden Italiens von ungefähr dreißigtausend Muttersprachlern gesprochen wird. Es gehört damit neben Färöisch und Samisch zu den kleinsten Sprachen Europas – und klingt ausgesprochen rätselhaft. Nur in einigen wenigen Tälern in Südtirol, wie im Grödnertal oder in Gadertal, wird diese Sprache noch gepflegt, oder im Fassatal, wo Marias Eltern herstammen. Damit dieses wertvolle Kulturgut nicht im Laufe der Generationen in Vergessenheit gerät, wurde eine gemeinsame Schriftsprache entwickelt. »Wegleitung für den Aufbau einer gemeinsamen Schriftsprache der Dolomitenladiner« nennt sich das Opus, das die Grundlage zu diesem Zweck bildet und 1998 erschien. Auch Maria ist stolz auf ihre Muttersprache. Wenn sie will, dass sie kaum einer versteht, spricht sie ladinisch, erzählt sie mir fröhlich grinsend.

In der Autonomen Provinz Bozen-Südtirol wird die Bevölkerung des Gadertals und Grödens übrigens als dritte ethnische Gruppe beziehungsweise Ladinisch als dritte Landessprache anerkannt und die Erhaltung der Kultur und der Sprache dementsprechend unterstützt. So sind in der Pflicht- und der Oberschule wöchentlich Unterrichtsstunden in ladinischer Sprache vorgesehen, Ladinisch wird auch als Amtssprache angewandt, der nationale italienische Rundfunk sendet täglich ladinische Nachrichten und wöchentlich erscheint die *Usc di Ladins*, eine Zeitung in ladinischer Sprache. Wie sich diese geheimnisvolle Sprache anhört? So zum Beispiel: »Nosc Pere dl cil, al sides santifiché to inom, al vëgnes to rëgn, tüa orentè sides fata, sciöche al cil insciö söla tera.« Das heißt im Klartext: »Vater unser im Himmel, geheiligt werde Dein Name. Dein Reich komme. Dein Wille geschehe, wie im Himmel so auf Erden.«

Das Leben zwischen den Sprachgruppen verläuft auch heute noch nicht ohne Probleme. Ein Aufreger war vor nicht allzu langer Zeit die Namensgebung des Siegesplatzes in Bozen. Er wurde von der Gemeindeverwaltung auf Friedensplatz umbenannt, um einen langjährigen Stein des Anstoßes zu beseitigen. Daraufhin wurde von einigen italienischen Parteien eine Volksbefragung initiiert, mit dem Ergebnis, dass der Friedensplatz 2003 wieder in Siegesplatz umbenannt werden musste.

Bozen ist heute eine moderne europäische Stadt. Deutsch und Italienisch wurden hier von jeher gesprochen, Englisch kommt selbstverständlich dazu. Dreisprachig – Deutsch, Italienisch, Ladinisch – ist die neue Universität, dreisprachig die Akademie für Design, zweisprachig die Filmschule Zelig. Das schafft neue Kulturwelten. Bozen ist eben europäisch. Und trotzdem ist Bozen in seinem Stadtkern immer noch eine Tiroler Kleinstadt geblieben.

Der Bozener selbst sieht sich übrigens als bescheidenes Wesen, das nicht viel braucht zum großen Glück, wie Karl Theoder Hoeniger in seinem »Altbozner Bilderbuch« schreibt. »Ein Haus unter den Lauben, im Keller Wein von den eigenen Gütern, ein Sommerfrischhaus auf dem kühlen Ritten, den privaten Kirchenstuhl, oder eine Loge im Stadttheater, ein Familiengrab unter den Friedhofsarkaden, so viel Wäsche, um nur alle halbe Jahre waschen zu müssen und die Ehe mit einer Boznerin.«

Gelebte Einsamkeit – Meine Woche in der Einöde

Ziegen können auf hundert verschiedene Arten meckern. Kehlig, dunkel, vibrierend, glockenhell – das wusste ich vorher nicht, wollte ich auch eigentlich nie wissen. Allmählich werde ich schwermütig. Es ist mein siebter Tag in der Einöde, hoch oben über den Tälern, Lichtjahre entfernt von der Zivilisation. Ich habe die Nase voll. Von den Nebelschwaden, die seit zwei Tagen die Almhütte belagern, als wollten sie sich nie wieder auflösen. Von der Kälte, die unbarmherzig durch meinen dicken Janker gekrochen kommt, von dem eiskalten Wasser in der Tränke vor dem Haus, mit dem ich mich zumindest versuchsweise wasche. Vom monotonen Geläut der Kuhglocken, dem penetranten Gemeckere der Ziegen. Von dem wortkargen Almöhi, in dessen Gesellschaft ich mich hier oben befinde. Davon, von der Außenwelt komplett abgeschnitten zu sein. Steht die Welt eigentlich noch? Oder existieren nur noch wir beide hier oben? Zum Teufel mit der Heidiromantik! Ich will eine Badewanne, im Kaffeehaus sitzen, ratschen, shoppen, Highheels anziehen, Fastfood essen, mich schminken, wieder Mensch sein. Aber wer träumt nicht davon, einfach mal abzuschalten? Sich auszuklinken aus dem hektischen Alltag. Loszulassen auf einer Alm, ganz weit oben. Ich habe auch davon geträumt. Bis heute. Bis zu jenem Tag, an dem mich der Almkoller überfiel.

Voller Vorfreude marschierte ich also los vor sieben Tagen. Mit einem Rucksack auf dem Rücken und einer Karte in der Hand, auf der eingezeichnet war, wo sich meine Alm befand. Über einen schmalen Pfad zwischen Bäumen und Wiesen den Berg rauf. Und dann, Schock! Die Hütte klein und dunkel, Wände aus dunklem Holz. Kein elektrischer Strom, kein Wasserhahn im Haus. Küche, Speise- und Wohnzimmer derselbe Raum, an der Wand ein Herd, in Holzregalen Milchkübel, Pfannen, Schüsseln. In der Ecke ein kleines Kruzifix und ein paar Heiligenbilder an der Wand. Nebenan zwei winzig kleine Kammern mit Betten aus Kastanienholz, vor der Hütte ein Brunnen, dahinter ein geräumiger Stall und ein kleiner Heustall.

Der erste Morgen aber war wie eine Offenbarung. Ich spitzte aus meiner blau karierten Bettdecke, was heißt Decke, es war ein hohes Federungetüm, öffnete die Fenster und blickte in einen blank geputzten stahlblauen Himmel. Über schier endlos weite Wiesen, auf denen die Ziegen an dem kargen Rest Grün knabberten, was ich zu diesem Zeitpunkt auch noch herrlich idyllisch fand. Sonnenüberflutete Almkessel, umgeben von einem breiten Felsengürtel mit Zacken, Zinnen und Türmchen. (Sieben Tage später waren es für mich nur noch graue, öde Geröllmassen). Was für eine Luft! Würzig, unverschmutzt, jungfräulich rein. »Wo ist denn die

Dusche?«, wollte ich von Toni wissen. Toni ist der Almbauer. Eigentlich hatte ich im Selbstversuch ganz allein in der Einöde sein wollen, doch Toni hatte mich nur kurz gemustert und dann vehement den Kopf geschüttelt. Allerdings ist es, obwohl er da ist, so, als sei er nicht da. Denn im Schnitt spricht Toni am Tag fünf bis zehn Sätze. An guten Tagen. »Draußen«, nuschelte Toni in seinen dicken Bart und deutete nach draußen auf einen Schlauch und einen Holztrog. Das Wasser war eiskalt, aber nach dem ersten Zähneklappern fühlte ich mich wie neugeboren. Frisch wie nie zuvor.

Das Leben auf der Alm spielt sich hauptsächlich draußen ab. Auch Waschen, Baden und der Toilettengang. Es gibt keine Bequemlichkeiten. Das Wasser muss im Eimer vom Brunnen geholt, das Essen über dem Feuer gekocht werden. Vor allem aber richtet sich das Leben hier oben nach den Ziegen, die Milch, Käse und Quark liefern. Die Ziege muss gemolken werden, denn sonst wird sie krank. Die Milch muss verarbeitet werden, sonst wird sie schlecht. Elf Milchziegen hat Almöhi, die frei am Berg leben und morgens und abends gemolken werden müssen. Sie kommen entweder von allein zu den Melkzeiten nach Hause, oder sie müssen gesucht, gefunden und gebracht werden. Die freilebende Ziege ist ein sehr flinkes Tier. Meine ersten Versuche, mich ihr freundschaftlich zu nähern, schlugen fehl, weil sie schneller war als ich. Meine ersten Melkversuche scheiterten kläglich, weil die Ziege weglief, die weiteren Anläufe, weil es doch etwas Überwindung kostet, in die Intimsphäre des Tieres vorzudringen. Doch über den ersten Eimer selbst gemolkener Milch freute ich mich wie ein kleines Kind. Die Milch aus Morgen- und Abendmelkung wird am Vormittag zu Quark, Frischkäse, Hartkäse und Ricotta verarbeitet, dann wird das Milchgeschirr gereinigt, oder besser geschrubbt. Gekäst wird im großen Kessel über offenem Feuer, was bedeute, dass an den Nachmittagen das notwendige Holz aus dem Wald geholt und gehackt werden muss. Viel Holz. Wenn es nach Regen aussieht, muss man noch mehr Holz machen, denn in nassem Zustand brennt es nicht. Wenn ich kein Holz mache, kann ich nicht kochen und die Milch wird schlecht. Es gibt keine Ablenkung, kein Fernsehen, wenn es dunkel wird, nur Kerzen- licht. Am Abend nach getaner Arbeit setzten wir uns auf die Sommerbank vor der Tür und sahen zu, wie das warme Licht der tief stehenden Son- ne die Bergspitzen einfärbt.

Richtig Panik bekam ich am vierten Tag. Es begann ganz harmlos. Ein leichter Wind kam auf. Kaum merklich, aber Unheil verkündend. Am Spätnachmittag bauten sich über den Berg- zacken die ersten dicken Wolkentürme auf. Finster, bedrohlich. Die Ziegen blökten. War- nend, nervös, anders als sonst. Zwischen ihnen der Almöhi. Ich stand im Türrahmen der Holz- hütte. Die sonst hellgrauen Bergzacken wurden zusehends dunkelgrauer. Gegen Abend war der

Himmel schwarz und schien die Bergkuppen verschlungen zu haben. Es war zappenduster. Innerhalb von kürzester Zeit konnte man nicht mehr die Hand vor den Augen sehen, auch drinnen nicht. Und dann krachte es. Noch nie in meinem Leben hatte ich zuvor so ein Geräusch gehört. Es klang, als sei eine Boeing 747 gegen den Berg geknallt.

Es war aber kein Unfall, nur Donner. Einer, zwei, dann immer mehr. Ich schreckte zusammen, zitterte am ganzen Körper und hielt mir die Ohren zu. Draußen war alles stockfinster, nur hin und wieder zuckte ein Blitz durch die Nacht. In der Küchenstube flackerte ein einsamer Kerzenstumpf, überall sonst war es dunkel. Von Almöhi weit und breit keine Spur. Eigentlich bin ich nicht sonderlich furchtsam, doch an diesem Abend hatte ich richtig Angst. Was tun? Eichen sollst du weichen, Buchen sollst du suchen, schoss es mir spontan durch den Kopf, ohne mich in diesem Moment wirklich weiterzubringen. Schließlich verkroch ich mich unter meiner hohen Daunendecke, rechnete mit dem Schlimmsten und kalkulierte meine Überlebenschancen, die nicht sonderlich günstig schienen. Nie und nimmer hatte diese Hütte einen Blitzableiter. Wenn ein Blitz einschlagen sollte, würde sie in Nullkommanichts in Flammen stehen und mein Experiment Einöde ein abruptes Ende nehmen. Der Donner knallte immer lauter. Der Krach war sogar trotz verzweifelt zugehaltener Ohren unendlich laut. Mein Herz klopfte wie ein Presslufthammer. Ich hatte doch noch so viele Pläne. Sollten die alle hier auf der Alm ein jähes Ende finden? Panik pur. Irgendwann muss ich dann aber doch eingenickt sein, denn als ich die Augen wieder öffnete, lachte die Sonne durch mein Fenster. Das Gewitter war vorbei. Wie ein Albtraum. Almöhi hatte die Nacht bei den Tieren im Stall verbracht, wie ich später erfuhr. Die armen Viecher waren wohl ebenso ängstlich wie ich.

Morgen ist mein Experiment Almleben zu Ende. Leider? Gott sei Dank? Wohl von beidem etwas. Ich liege auf der Almwiese, kaue an einem Gänseblümchenstängel und schaue in die Wolken, betrachte die kantigen Bergspitzen, atme die kristallklare Luft ganz tief ein und fühle mich eins mit der Natur, mein Kopf ist ganz leer, ganz leicht. Glockengebimmel reißt mich aus meinen Tagträumen. Die vorbeiziehenden Ziegen erschrecken ein wenig, als ich meinen Kopf hebe.

Irgendwann vergisst man die Zeit in der Einöde. Almöhi bleibt noch bis zum ersten Samstag im Oktober oben auf der Alm. Dann beginnt der Almabtrieb und er führt eine Horde wohlgenährter und geschmückter Ziegen runter ins Tal.

Auf Ötzis Spuren – Die Geschichte von Südtirols liebster Leiche

»Der seit einer Woche verschollene Helmut Simon ist im österreichischen Gasteinertal tot geborgen worden«, lautete am 23. Oktober 2004 die Schlagzeile der Nachrichten. Der Siebenundsechzigjährige aus Nürnberg war auf einem nicht markierten Jägersteig unterwegs gewesen und von dort tief in eine Schlucht gestürzt. Einfach so? Oder hatte ihn Ötzis Rache getroffen, der »Fluch der Mumie«? Denn Simon war nicht irgendein Bergsteiger, sondern der Finder des berühmten Gletschermannes Ötzi.

Es war ein nasskalter Freitag, Punkt 11.50 Uhr, als Ötzi in einen weißen Plastiksack gehüllt in seine Heimat zurückkehrte. Als sich die Klappe eines Thermo-Lkws öffnete und der nun allgemein so genannte Mann aus dem Eis, schwer bewacht von finster blickenden Männern mit geschulterten Maschinengewehren, aus einem Kühlbehälter geholt, auf eine Trage gelegt und in den ersten Stock des neuen Archäologischen Museums im Zentrum der Südtiroler Hauptstadt Bozen gebracht wurde. Nach langem Hin und Her zwischen Österreich und Südtirol.

Selten hat eine Leiche die Menschen so bewegt wie der »berühmteste Südtiroler«. An keinem Projekt zuvor waren so viele Wissenschaftler unterschiedlicher Disziplinen beteiligt.

Weltweit haben vierundsechzig Forschungsgruppen an dem Mann aus dem Eis gearbeitet. Bis auf das Cover des US-Nachrichtenmagazins *Time* hat es Ötzi, auch »Frozen Fritz« genannt, geschafft. Der Mann vom Hauslabjoch ist mittlerweile die bestumsorgte Mumie aller Zeiten. Hundertfünfzigmal haben sie ihn untersucht, alle zwei Wochen wurde er aus dem Gefrierraum geholt – natürlich musste er jeweils nach spätestens zwanzig Minuten wieder zurückgebracht werden, um nicht aufzutauen. Auch Ötzis neue Unterkunft musste den Bedürfnissen eines Eismannes angemessen sein. Konstante minus sechs Grad und Luftfeuchtigkeit von rund hundert Prozent herrschen in seinem »Kühlschrank« im Museum in Bozen, ähnliche Bedingungen also wie im ewigen Eis, wo es Ötzi über fünftausend Jahre aushalten konnte. Selbst die Lichtverhältnisse wurden angeglichen. Das Bett, auf dem er seine letzte Ruhestätte gefunden hat, dient gleichzeitig als eine Art Waage: ein Gewichtsverlust wäre ein Warnzeichen, das den Rückgang des Feuchtigkeitsgehalts seiner Haut anzeigen würde. Warum so viel Aufwand? Bei den Mumien in Ägypten tat's doch auch eine schlichte Pyramide, mag man sich überlegen. Doch im Gegensatz zu den Pharaonen, die völlig trocken sind, enthält die Haut von Ötzi immer noch zwischen sechzehn und zwanzig Prozent Wasser. Ohne eine sachgerechte Aufbewahrung würde der Mann aus dem Eis austrocknen.

Am 19. September 1991 gegen 15.30 Uhr nahm das deutsche Bergsteiger-Ehepaar Erika und Helmut Simon auf dem Rückweg von einem Aufstieg eine Abkürzung und ging an den Rändern eines Gletschers entlang. In einer Mulde, geschützt vor der zerstörerischen Verschiebung der Gletscher, gerade noch auf der italienischen Seite der Ötztaler Alpen, entdeckten sie den reglosen Körper eines Menschen. Die Staatsanwaltschaft vermutete ein Kapitalverbrechen und schaltete sich ein. Anfangs herrschten viele Zweifel über die Identifizierung der Leiche. Manche glaubten, es handle sich um einen Bergsteiger aus der Emilia Romagna, der in den dreißiger Jahren verschollen war, manche dachten an einen Krieger aus den Heeren Friedrich IV., manche an einen Soldaten aus dem Ersten Weltkrieg. Als sich aber die Nachricht verbreitete, dass auch antike Gegenstände aufgefunden worden waren, begann in wissenschaftlichen Kreisen die Vermutung laut zu werden, wonach es sich um einen außerordentlichen archäologischen Fund handeln könnte. Und wenige Monate später traf mit der Antwort der Universitäten, die beauftragt worden waren, erste Laboruntersuchungen durchzuführen, die Bestätigung ein. Der Mann hatte zwischen 3350 und 3100 vor Christus gelebt. Der Gletscher hatte seinen Schatz über fünftausend Jahre hinweg sorgfältig aufbewahrt und ihn jetzt nur für einige Wochen freigegeben, um ihn mit Eintreffen der ersten Schneefälle wieder unseren Augen zu entziehen.

Was aber hatte einen Steinzeitmenschen dazu bewogen, mit vollständiger Ausrüstung auf eine solche Höhe zu steigen? Was war ihm zugestoßen? Wer war er in Wirklichkeit? Das Rätsel Ötzi war geboren. Statt ihn beizusetzen, wurde der Mann aus dem Eis bis in seine Einzelteile zerlegt und geprüft. Zuerst wurde sein Geschlecht bestimmt. Seine Zähne waren stark abgenutzt, also hatte er faserige Nahrung gekaut, sein Magen war leer, also musste er auf seinem letzten Weg Hunger gelitten haben. Mitte vierzig soll er gewesen sein, als er starb. Sein Gesundheitszustand war nicht der beste: Mehrere Rippen waren gebrochen, er litt an Arthritis und hatte wegen des Cholesterins verkalkte Adern. Seine Lungen waren schwarz vom Rauch, den er am offenen Feuer einatmete. Seine durch Würmer verursachte Darminfektion bekämpfte er mit Holzkohle, die er aß. Er war ein Meter sechzig groß. Um Aufschluss über seine Krankheiten zu bekommen, wurde der Mann aus dem Eis von Kopf bis Fuß geröntgt. Dabei stießen die Forscher auch auf einen plausiblen Grund, warum Ötzi am Hauslabjoch hatte rasten müssen: Möglicherweise machten ihm nicht verheilte Rippenbrüche zu schaffen. Am Körper der Mumie entdeckten die Wissenschaftler außerdem über fünfzig Tätowierungen, Striche und Kreuze an Lendenwirbelsäule, Knien und Sprunggelenken. Körperkult? Oder eher therapeutische Maßnahmen? Sogar Ötzis Haare, die Wissenschaftler an der Fundstelle entdeckten, wurden analysiert. Sie enthielten erhöhte Mengen an Kupfer und Arsen. Warum? Stellte Ötzi Kupferwerkzeuge her? Fragen über Fragen.

Auch Ötzis Ausstattung und seine Kleidungsstücke sind im Museum in Bozen zu sehen und bis in den kleinsten Fussel analysiert worden: Er trug Bärenfellmütze, Fellmantel, einen Grasmantel aus alpinem »Süßgras«, Beinkleidung aus Hausziegenfell, Gürtel, Lendenschurz und ein Paar Schuhe mit einer Einlage aus Heu gegen die Kälte. Bei sich hatte der Mann aus dem Eis einen Leibriemen aus Kalbsleder mit einem aufgenähten Lederband, das als Tragebeutel diente. In diesem Täschchen waren fünf Gegenstände, darunter ein Klingenkratzer, ein Lamellenstück aus Silex sowie eine Knochenahle. Den größten Teil des Inhalts der Gürteltasche füllte eine schwarze Masse, die Wissenschaftler als Zunderschwamm identifizierten, der zum Entfachen eines Feuers verwendet werden konnte. Der bemerkenswerteste Ausrüstungsgegenstand ist nach Ansicht der Wissenschaftler das vollständig erhaltene Beil, das einzig erhaltene vorgeschichtliche seiner Art. In Gefäßen aus Birkenrinde trug Ötzi Spitzahornblätter und darin eingebettet Fichten- und Wacholdernadeln mit Holzkohlefragmenten mit sich, wohl um stets die Glut seines letzten Lagerfeuers dabei zu haben. In seinem Köcher steckten zwei fertige Pfeile und zwölf Rohschäfte. Die beiden fertigen Pfeile trugen Pfeilspitzen aus Silex. Diese waren mit Birkenteer und einer

Fadenumwicklung zusätzlich befestigt. Zu seiner Ausrüstung gehörte auch so etwas wie Medizin: Die Forscher entdeckten Birkenporlingkügelchen, die an der Kleidung befestigt waren und denen blutstillende Wirkung nachgesagt wird.

Ötzi ist wohl nicht an Erfrierungen gestorben, sondern ermordet worden. Nach neuester Theorie der Wissenschaftler erlag er den Folgen einer Schussverletzung. Unter Ötzis linkem Schulterblatt will man die Spitze eines Pfeils entdeckt haben, der von hinten eingedrungen sein muss. Falls ein wichtiges Blutgefäß getroffen wurde, wäre der Mann aus dem Eis an den Blutungen gestorben.

Näheren Aufschluss könnte die Entfernung der Pfeilspitze aus dem linken Schulterbereich der Mumie geben. Dann erst ließe sich feststellen, welche Gefäße beim Einschuss verletzt wurden. Allerdings: Dafür müsste man die 13,8 Kilogramm schwere Eisleiche erst auftauen. Ein riskantes Unterfangen, denn dadurch könnte Ötzi unwiederbringlich zerstört werden. Australische Forscher sind sicher, dass Ötzi in eine Schlacht verwickelt war. Angeblich fand man auf dem Messer Blutspuren zweier anderer Menschen. Außerdem wurden an seiner rechten Hand Wunden entdeckt, die ihm wohl erst wenige Stunden vor seinem Tod zugefügt wurden. Schlussfolgerung: Ötzi floh schwer verwundet vor seinen Angreifern und verblutete. Ötzis Feinde müssten von einem Stamm gewesen sein, der in den südlichen Alpen in Norditalien lebte, stellten die Wissenschaftler anhand der Form der Pfeilspitze fest. Opfer eines Tyrannenmordes sei Ötzi geworden, mutmaßte daraufhin der Prähistoriker Walter Leitner von der Universität Innsbruck in der *Zeit*. So hervorragend ausgerüstet und in vergleichsweise hohem Alter sei Ötzi »ein Häuptling, vielleicht auch ein Schamane gewesen«. Er sei von seinen eigenen Leute ermordet worden, weil er »die Zeichen der Zeit nicht erkannt hatte und halsstarrig an seiner Macht festhielt«, glaubt Leitner.

Eindeutig bewiesen ist dagegen wohl die Herkunft der Mumie. Untersuchungen am Y-Chromosom des Eismannes lassen darauf schließen, dass er aus dem Gebiet des heutigen Südtirol stammt. Ein Forscherteam des University College London und des Regionalkrankenhauses Bozen fand heraus, dass seine Gene im Wesentlichen mit jenen der heutigen Bevölkerung übereinstimmen.

Um Ötzi gibt es mittlerweile einen regelrechten Hype. Im Schnalstal, in der Nähe des Leichenfundorts, ist ein archäologischer Park zum Thema Ötzi eingerichtet. Es gibt Ötzi-Pizza, Ötzi-Eis, Ötzi-Wein, DJ Ötzi. Und was hat es mit dem Ötzi-Fluch auf sich? Nach Recherchen der *Zeit* sind außer Simon noch drei andere Menschen in Ötzis Umfeld eines unnatürlichen Todes gestorben: Der Gerichtsmediziner, der den tiefgefrorenen Körper in den Leichensack hievte, hatte einen Verkehrsunfall auf dem Weg zu

einem Vortrag über Ötzi, der Bergführer, der Ötzis Gesicht aus dem Eis holte, stürzte in eine
Gletscherspalte, und der ORF-Reporter, der film-
te, wie die festgefrorene Mumie mit Skistöcken
aus dem Gletscher geholt wurde, starb an einem
Gehirntumor. Und jetzt Simon. Zufall? Oder
doch Ötzis Rache?

»I muas auffi« – Südtiroler Legenden

Luis Trenker – der Urtyp des kraftstrotzenden
Bergmenschen

»›Sie sind ein Mountain-Climber?‹ ›Man sagt hier so.‹ ›Was tut denn ein Mountain-Climber?‹ ›Er climbt auf die Berge.‹ ›Wozu climbt er auf die Berge?‹ ›Weil es ihn freut.‹ ›Verdient er dabei Geld?‹ ›Nein, im Gegenteil, es kostet ihn Geld.‹ Die junge Dame notierte meine Antwort, schüttelte den Kopf, schaute mich mitleidig lächelnd an und fragte weiter: ›Gibt es viele Menschen, die das tun?‹ ›Oh ja, viele.‹ ›Ist es gefährlich, auf die Mountains zu climben?‹ ›Je nachdem, manchmal sehr, manchmal weniger.‹ ›Was tut ein Mountain-Climber, wenn er am Ziel ist?‹ ›Dann freut er sich, schaut die Aussicht an und rastet.‹ ›Und was tut er dann?‹ ›Dann steigt er wieder hinunter ins Tal.‹ ›So? Ist das alles?‹ ›Ja, alles.‹ ›Hm. Machen das alle Mountain-Climber so?‹ ›Ja, alle.‹ ›Aber wozu ist er denn dann hinaufgestiegen?‹, fragte sie, nachdem sie auch die letzte Antwort aufgeschrieben hatte. Sie hat sich unter einem Mountain-Climber gewiss etwas Vernünftiges vorgestellt, und nun war es damit leider gar nichts.« (Luis Trenker, »Was der Berg ruft«).

Luis Trenker, das Multitalent, gilt als bekanntester Grödner. Er hat nicht nur als Schriftsteller,

Regisseur und Schauspieler Filmgeschichte geschrieben, er war auch Architekt und – passionierter Mountain-Climber. 1892 kam er in St. Ulrich im Grödner Tal zur Welt. Erst hütete er Schafe auf der Alm, dann ging's in die Schlosser-, später in die Bildhauerlehre. Schon früh verschrieb sich Luis Trenker dem Bergsteigen. Bereits während seiner Schulzeit arbeitete er in den Ferien als Bergführer und Skilehrer, die als schwierig angesehene Bergführerprüfung legte er ebenfalls noch als Schüler ab. Nach dem Abitur studierte Trenker von 1912 bis zum Ausbruch des Ersten Weltkriegs Architektur, ehe er zum Krieg eingezogen wurde. Sein Studium finanzierte er sich als Bergführer in den Dolomiten. Im Ersten Weltkrieg kämpfte er auf Seiten der Österreicher in den Südtiroler Bergen. Literarisch setzte er seine Kriegserlebnisse in diversen Romanen um, von denen »Berge in Flammen« später auch verfilmt wird. Kein reiner Bergfilm, eher ein Kriegsfilm, der in den Bergen spielt: der Kampf zwischen Italienern und Südtiroler Kaiserjägern. Der Krieg erscheint als eines der vielen Abenteuer, wie man sie im Gebirge erlebt, als Macht des Schicksals, als Naturereignis, gegen das sich der kleine Mensch nicht auflehnen kann, er wird hineingezogen. Die Verharmlosung des Krieges zum reinen Abenteuer machte diesen wie nahezu alle Trenker-Filme später für die faschistische Propagandaarbeit so brauchbar. Nach dem Krieg nahm Trenker sein Architekturstudium wieder auf, das er auch beendete, um in Bozen als Architekt zu arbeiten.

Erste Kontakte zum Film ergaben sich 1921, eher zufällig, als Trenker von Arnold Fanck für den Film »Der Berg des Schicksals« als Bergführer engagiert wurde. Dann musste Fanck feststellen, dass der eigentliche Hauptdarsteller nicht klettern konnte, und Trenker übernahm die Hauptrolle. Der kernige Naturbursch war ein voller Erfolg. 1926 inszenierte Arnold Fanck den »Heiligen Berg« mit Luis Trenker und Leni Riefenstahl in ihrer ersten Rolle, im folgenden Jahr gab Trenker sein Architektenbüro auf. Schon sehr bald folgten weitere Filme, zunächst als Schauspieler, ab 1928 auch als Regisseur. Als der Tonfilm kam, war Trenker, der längst über eine eigene Produktionsfirma verfügte, sein eigener Autor, Regisseur und Hauptdarsteller. 1928 heiratete er Hilde Bleichert, mit der er vier Kinder hatte. Ein Hauptthema in Trenkers Werken war die Idealisierung eines der Heimat verbundenen Lebens, was sie für die faschistischen Regimes in Italien und Deutschland instrumentalisierbar und Trenker bei den Nazigrößen salonfähig machte. Unter Mussolini erhielt Trenker höchste Auszeichnungen für seine Filme, während andere deutschsprachige Südtiroler unter Repressionen zu leiden hatten. Am 6. Januar 1937 wurde sein Film »Der Berg ruft!« uraufgeführt. Doch Trenker hatte seinen eigenen Kopf, verweigerte sich einer totalen künstlerischen Unterordnung und wurde schließlich mit einer Art Berufsverbot belegt. 1940 ging er nach Rom. Nach nur zwei Dokumentarfilmen zog er sich nach Bozen zurück.

In der Nachkriegszeit warf man Trenker zumindest Opportunismus vor. Erst in den fünfziger Jahren gelang es ihm wieder an alte Filmerfolge anzuknüpfen. Ab 1965 dreht er vorwiegend Dokumentarfilme über seine Heimat Südtirol. Noch im hohen Alter, mit fünfundsiebzig Jahren, begann Trenker eine neue Fernsehkarriere, plauderte übers Skifahren, erzählte von seinen Filmen. Trenker starb im Alter von achtundneunzig Jahren. 1965 erschienen seine Memoiren »Alles gut gegangen«. 1982 erhielt er das »Filmband in Gold« für langjähriges und hervorragendes Wirken im deutschen Film. Der Herr der Berge ruht mit seiner Frau auf dem Friedhof gegenüber der Sankt-Anna-Kirche in St. Ulrich. Sein einfaches Grab ist beschildert und in der Regel dicht von Fans umlagert, die meisten kommen aus Deutschland. Aus Stolz auf ihren Landsmann haben die Grödner im Heimatmuseum von St. Ulrich eine eigene Abteilung mit einer Luis-Trenker-Gedenksammlung geschaffen. Dort werden persönliche Gegenstände, Auszeichnungen, Filmpreise, Filmrequisiten, Plakate und Fotos des bekannten Grödners ausgestellt.

»Erinnern Sie sich noch an das Gefühl, als Sie zum allerersten Mal auf dem Gipfel eines Berges standen?«, will ich wissen. »Das war 1949. Auf dem Sass Rigais. Da oben war die Welt so weit.« »Was treibt Sie an?« »Sinn stiften in einer Welt ohne Sinn.« »Welche Grenztrips haben Sie noch auf Ihrer Liste? Gibt es überhaupt noch Abenteuer für Sie?« »Zurück aus Gobi bin ich beim Gestalten von fünf Museen zum Thema Berg. Dann werde ich den Nomaden folgen.« »Was bedeutet Südtirol für Sie als Kosmopolit?« »Als Europäer und Südtiroler habe ich kein nationales Selbstverständnis. Südtirol ist meine Heimat.« »Ganz banal: Was essen Sie am liebsten? Und: Können Sie kochen?« »Kaum«, verrät er und am liebsten verspeise er Krapfen.

Wenn man im Vinschgau nach dem Reinhold fragt, dann kann nur einer gemeint sein, Reinhold Messner, der hier verehrt wird wie ein Heiliger. Am 29. Mai 1953 standen der Neuseeländer Edmund Hillary und der Sherpa Tensing Norgay als erste Menschen überhaupt auf dem Gipfel des 8848 Meter hohen Mount Everest. Fünfundzwanzig Jahre später stiegen Reinhold Messner und Peter Habeler ohne künstlichen Sauerstoff hinauf. 1980 folgte Messners Alleingang. Der Mythos Messner war geboren.

Messner, der bis heute berühmteste Abenteurer und Bergsteiger unserer Zeit, kam am 17. September 1944 in Villnöß auf die Welt. Bereits mit fünf Jahren nahm ihn sein Vater auf den Sass Rigais (3025 Meter) in den heimatlichen Dolomiten mit. Damit begann Messners Bergsteigerkarriere. »Ich habe das Leben, das ich führe, nicht geplant. Da ich nicht für möglich hielt, so zu leben, wie ich heute lebe, habe ich es auch nicht erträumt. Als zweites von neun Lehrerkindern im Dolomitental Villnöß unter Bauern aufgewachsen, bin ich früh auf die Berge gestiegen, habe im Übrigen aber bis zum Abitur getan, was man mir sagte: als Kind im elterlichen Hühnerhof gearbeitet, als Schüler gelernt und in den Ferien wieder gearbeitet«, sagte Messner in diversen Interviews. Zunächst einmal beendete er seine Schulausbildung und studierte Hoch- und Tiefbau in Padua, doch eigentlich hatte er sein Leben schon längst den Bergen verschrieben.

Eine Begehung der Ortler-Nordwand, der Civetta-Nordwestwand und der Eiger-Nordpfeiler hatte er damals schon hinter sich. 1970 dann sollte ein folgenschweres Jahr werden für den Bergsteiger, der unterdessen auch als Mathematiklehrer an einer Mittelschule arbeitete. Auf dem Nanga Parbat starb sein jüngerer Bruder Günther Messner durch eine Lawinenverschüttung, er selbst verlor einen Großteil seiner Zehen durch Erfrierungen. Schicksalsschläge wie diese hätten bei jedem anderen möglicherweise die Lust am Klettern gedämpft, doch nicht so bei Messner. Das Wort »aufgeben« existiert in seinem Wortschatz offenbar nicht.

»Ich bin, was ich tue«, lautet sein Leitspruch und er sieht sich selbst als Grenzgänger. »Ich begebe mich in Grenzsituationen, um meine Ängste, Zweifel und Hochgefühle zu erfahren«, betonte er in unzähligen Interviews. »Meine Biografie ist jedoch nicht am Everest orientiert. Ich war ein Felskletterer. Durch den Unfall 1970 am Nanga Parbat, bei dem ich mir die Zehen erfror, konnte ich nicht mehr Felsklettern. So kam ich zum Höhenbergsteigen. Wir haben uns in den siebziger Jahren bemüht, die schwierigen Wege zu gehen. Und wir haben überlegt, wie wir diese Wege gehen. Das war unser neuer Ansatz. Eine Besteigung ohne Sauerstoffmaske, ein Alleingang, ist nur im ›Alpen-Stil‹ möglich«, so Messner.

Im Jahr 1974 gelang ihm in der Rekordzeit von zehn Stunden ein Durchstieg der berühmten Eiger-Nordwand und dann kam der Aufstieg, der Messner endgültig zur Legende machen sollte: Zusammen mit Peter Habeler erreichet er den Gipfel des Mount Everest (8848 Meter) »by fair means« – ohne künstlichen Sauerstoff. Die Welt hielt die Luft an und Messner kam auf den Geschmack. Ohne künstlichen Sauerstoff bezwang er im Alleingang mehrere Achttausender, 1986 waren alle vierzehn bestiegen. Aber nicht nur das, Messner erschloss völlig neue Dimensionen des Abenteuers, seine bergsteigerischen Leistungen revolutionierten den Alpinismus von Grund auf.

Doch was nun? Als alle Höhen erklommen

waren, zog es den Mann der Berge in die großen Eiswüsten der Erde. In zweiundneunzig Tagen durchquerte Messner gemeinsam mit Arved Fuchs die Antarktis, danach war Grönland dran. Sein Kräftemessen mit der Natur hat ihn hellhörig gemacht für ihre Zerbrechlichkeit. Er setzte sich verstärkt für den Naturschutz ein und machte als Mitbegründer der Initiative »Mountain Wilderness« von sich reden. 1999 wurde er als Abgeordneter der Grünen in das Europäische Parlament gewählt. Welches politische Projekt er denn gerne beschleunigt wissen wollte, frage ich ihn. »Friedenssicherung in Kaschmir, Autonomie für Tibet und globaler Ökopakt« stehen ganz oben auf seiner Liste.

In mehr als dreißig Büchern berichtet er als begabter Schriftsteller und Fotograf von seinen Expeditionen und Erstbesteigungen. Zwischen seinen Reisen lebt Reinhold Messner mit seiner Familie in Meran und auf Juval in Südtirol, wo er Bergbauernhöfe bewirtschaftet, schreibt und emsig an seinem Lebenstraum bastelt, dem »Messner Mountain Museum«. Ein Denkmal für den Mann aus den Bergen. Messner wäre nicht Messner, wenn er sich mit einem gewöhnlichen Museum zufrieden geben würde. Ein Gesamtprojekt schwebt ihm vor, das aus fünf Museen an unterschiedlichen Orten bestehen soll, die, wie er sagt, »miteinander kommunizieren«. Drei davon sind bereits realisiert. Das »Messner Mountain Museum Dolomites« liegt hoch oben auf dem 2181 Meter hohen Monte Rite, inmitten der kantigen, brüchigen Felstürme und -wände der Dolomitenwelt. Die in dem schlauchartigen, langen Gang und den vielen abzweigenden Kammern des ehemaligen Militärareals präsentierte Welt Messners ist natürlich vor allem eine der Bergsteiger. Den ersten Kletterhaken, mit dem man dem Berg zu Leibe rückte, Bergschuhe, ihren Zeiten und Trägern zugeordnet. Der »Flur der Kunst« ist allen wichtigen Dolomitenbergen gewidmet. Es ist ein idealer Standort für ein Dolomitenmuseum, von keinem Ort aus kann man so viele Gipfel zugleich sehen. Agnèr, Pelmo, Civetta, Marmolada, die Zinnen, Cristallo und viele weitere Gipfelberühmtheiten stehen hier Spalier, freute sich Messner zur Eröffnung.

Auf dem Dach des Museum steht eine Glaskonstruktion, die sogar Felswände sichtbar macht, die in Wirklichkeit hinter anderen verborgen sind. Draußen hat Messner eine Yakherde an den Hängen des Monte Rite angesiedelt, auf die man trifft, wenn man nach dem Museumsbesuch den sechs Kilometer langen Lehrpfad entlangwandert.

Das »Messner Mountain Museum Ortles« in Sulden am Ortler, das zweite im Bunde, beschäftigt sich mit dem Thema Schnee, Eis und Gletscher – deren Schönheit und deren Schrecken. Im Schloss Juval im Vinschgau ist eine reichhaltige Sammlung an Tibetica zu sehen. Ein wahrer Kraftakt war für Messner Museum Nummer vier, das Zentrum der Bergmuseen, notwendig. Als Ort hatte er sich das Südtiroler Nationaldenkmal Schloss Sigmundskron bei Bozen ausgesucht. Doch es sollte Jahre dauern, bis er Stadt, Land und die skeptischen Südtiroler für seine Idee gewinnen konnte. 2006 wird die umgebaute Ruine, Messners ganzer Stolz, endlich eröffnet. Gezeigt wird darin unter anderem eine internationale Kunstsammlung zum Thema Berge. 2008 soll dann das letzte Museum seine Pforten öffnen, dafür ist der Extrem-Bergsteiger allerdings noch auf der Suche nach einer passenden Unterkunft. Und danach will sich Messner wieder auf die Suche nach weiteren Abenteuern machen.

Sagt man Messner, denkt man natürlich auch an Yeti. Jenen sagenumwobenen Yeti, dem der bärtige Südtiroler in eisigen Höhen begegnet sein will. Die Himalaya-Völker sprechen mit Ehrfurcht von diesem zottligen Riesen und verehren ihn wie einen Gott. Existiert er wirklich? Streift tatsächlich ein Lebewesen durch die Eiswüsten, macht Jagd auf Yaks und erschreckt menschliche Eindringlinge? Ob Affe, Urmensch, wilder Schneemensch, Dämon oder Sagengestalt – Mythen pflegen weiterzuleben. Der Mythos Yeti ebenso wie der Mythos Messner.

Winter total – Wenn es entlang der Piste leise zischt

Die Welt schien nur aus Himmelblau und weißen Zacken zu bestehen, mein befahrbarer Untersatz glitzerte und sah überzeugend nach Winter aus. Ganz ehrlich, als ich zum ersten Mal über Kunstschnee gebrettert bin, habe ich es nicht bemerkt. Und dabei stammte meine Piste gar nicht aus Frau Holles Kissen, sondern aus fest installierten Niederdruck-Schneekanonen. Diese Flockenzauberer der Neuzeit verstäuben aus einer Düse mit einem leisen Zischen feinen Wassernebel, der als Schnee zu Boden rieselt. Alles, was es braucht, um einen Berg in eine Winterlandschaft zu verwandeln, ist eine Temperatur zwischen zwei und mehr Grad unter Null, und beträchtliche Mengen Energie und Wasser. Den Rest erledigt die Kanone.

Südtirol setzt auf diese Schneemonster. Die Region steht beim Einsatz von Schneekanonen an der Spitze Europas. Schon lange gibt es hier kein Skigebiet mehr ohne Beschneiungsanlage. Die schneearmen Winter haben sich gehäuft und auch die Gletscher in Südtirol gehen zurück. Über siebzig Prozent der Pisten werden mittlerweile komplett beschneit. Damit ist der Skibetrieb von Dezember bis mindestens April gesichert. Wer will sich schon auf Mutter Natur verlassen und monatelang im Grünen sitzen, wenn Frau Holle schläft?

Doch Umweltschützer schlagen Alarm. Nicht nur, dass immer neue Pisten angelegt werden müssen, an den Talstationen braucht es neue Parkplätze, Straßen müssen ausgebaut, Wirtshäuser vergrößert werden. Die mächtigen Dolomiten aber sind verwundbar. 2004 brach an der Nordwand des Zwölferkogels ein riesiger Felszacken ab, es war der zweite Crash dieser Art in einem Monat. Nach Aussagen von Geologen war natürliche Erosion die Ursache für den Felssturz, dabei dringt Regenwasser in die Felsspalten ein und gefriert bei Kälte. Das sich ausdehnende Eis sprengt dann das Gestein. Anfang Juni war bereits eine fünfzig Meter hohe Felsnadel der berühmten Bergformation Fünf Türme bei Cortina d'Ampezzo aus demselben Grund zusammengebrochen, ebenfalls in einer Höhe von etwa zweitausend Meter. Die Fünf Türme sind eine Formation aus insgesamt elf Felsnadeln. Die Felsstruktur Trephor habe sich bereits seit einiger Zeit zunehmend zur Seite geneigt, hieß es. Ein ähnliches Schicksal könne auch die anderen, wesentlich höheren Felsen ereilen. »Wir haben zwar bemerkt, dass sich der Trephor zur Seite neigt, aber uns wäre nie in den Sinn gekommen, dass er plötzlich zusammenbrechen könnte«, sorgte sich ein Hüttenwirt. Die Gesteinsmassen des einst stolzen Bergfingers liegen nunmehr wie ein Trümmerfeld auf über zweitausend Meter Höhe. Schuld ist in erster Linie die Klimaerwärmung, die auch Erdrutsche, Steinschlag, höhere Lawinengefahr und verschobene Schneefallgrenzen bedingen kann, wie die UNO jüngst in einer Studie feststellte. Das Planieren der Pisten gefährdet das empfindliche ökologische Gleichgewicht in den Alpen zusätzlich, schürt die ohnehin vorhandene Erosionsgefahr und verändert das Landschaftsbild, mahnen Umweltschützer. Ängste plagen auch die Bewohner der betroffenen Gebiete. Immer wieder geschieht es, dass durch massive Proteste der Einwohner die weitere Ausdehnung von Skigebieten gestoppt wird. Den Schneekanonen sei Dank legt sich die künstliche Schneedecke wenigstens wie eine Plane auf die sensible Grasdecke und schützt sie vor Beschädigungen durch Schneeraupen.

Ein findiger Südtiroler Seilbahnbetreiber aus einem Dorf bei Enneberg entdeckte einst auf einer Reise durch die USA die Wunderwerke der Technik und bestellte die erste Kanone. Damals belächelten ihn die Kollegen noch als Spinner, heute lachen sie nicht mehr, sondern schießen selbst. Bergführer Frank Kostner aus Corvara wurde ähnlich verspottet, als er einst auf dem Col Alto im Val Badia den ersten großen Skilift Italiens anlegte. Heute gehört Alta Badia zum »Dolomiti Superski«, dem größen Skiverbund der Welt. Es wurde viel investiert in die fünfte Jahreszeit, in Ski- und Snowboardpisten, Liftanlagen und Rodelbahnen. Über vierhundertfünfzig Lifte aller Art – vom Baby-Schlepplift bis zur Großkabinen-Gletscherbahn – mit rund fünfhundert Ausstiegshilfen befördern fast sechshunderttausend Skifahrer pro Jahr in die Höhe, hundertdreißig Kilometer Piste sind miteinander verbunden. Der gesamte Höhenunterschied, den diese Bergbahnen überwinden, liegt bei hunderttausend Metern. Zehn Anlagen laden sogar zum abendlichen Brettlspaß ein, bei Flutlicht kann man bis 23 Uhr über die Pisten toben. Nachts, wenn dann irgendwann alles schläft oder zumindest die Ski abgeschnallt sind, werden dreihundert Fahrzeuge eingesetzt, um die Pisten bis zum Morgen wieder fit zu machen.

Im Skigebiet der Superlative muss man natürlich nicht mehr vor dem Lifthäusel anstehen, seinen Skipass aus den engen Skiklamotten fummeln und umständlich in ein Kästchen stecken oder gar Karten abknipsen lassen. Hände hoch und durch, heißt es beim Liftfahren in den Dolomiten. Ein Mikrochip macht's möglich. So weit die Basics. Zusätzlich werden sechzehn Superski-Touren angeboten. Natürlich handelt es dabei nicht einfach nur um ordinäre Touren. Eine nennt sich »Percorso dell' Amore«, weil die Landschaft, durch die der Skifahrer geführt wird, zum Verlieben schön sei, loben die Veranstalter, und weil man sich dort oben eine so spitzenmäßige Bräune hole. Wer es härter mag, kann die Tour »Grande Guerra«, die Große-Krieg-Tour, wählen. Wedeln plus Weltgeschichte. Die Tour rund um den Col di Lana verbindet alle Ortschaften, die Schauplätze von Schlachten waren. Schießscharten, Bunker und Stollen säumen die ehemalige Frontlinie, die zweimal die damalige, hart umkämpfte Grenze von Italien und Österreich überschreitet. Wer sich dagegen ein bisschen gruseln möchte, wählt die »Hexentour«, die durch wilde Schluchten geht. Einfach nur Skifahren war gestern. Zum Dolce Vita im Schnee gehört selbstverständlich auch der Einkehrschwung mit Hüttenzauber. An den Igluoder Schneebars wird in zweitausend Meter Höhe hausgemachter Grappa, versetzt mit Heidelbeeren, Himbeeren, Mirabellen, Oliven oder Kräutern, ausgeschenkt. Eisgekühlt, versteht sich! Eine solche Erfrischung schmeckt und geht direkt in die Knie. Passt. Denn beim Skifahren soll man ja bekanntlich in die Knie gehen. Wenn die Lifte schließen, gibt es Livemusik und italienische Küche und erst im Dunkel der Nacht geht es für die Skiläufer zurück zum Hotel.

Da der Mensch nun einmal nicht mit Brettern unter den Füßen geboren wird, benötigt jedes Skigebiet Skilehrer. Die mutigen Männer, die voluminöse Skielfen im Schneepflug den Berg runterschleppen, die hilflose Menschen retten, wenn sie mit einem hysterischen Schrei plötzlich in den Schnee plumpsen, die unsicheren Häufchen Elend unter die Arme greifen und sie wieder auf die wackligen Bretter stellen. Die Mut zureden, wenn der bloße Blick ins Tal schier den Verstand raubt. Diese Helden der Piste sind gemeinhin durchtrainiert, haben von Sonne und Wind braun gebrannte Gesichtszüge, sind mehr oder minder gut aussehend und infolgedessen heiß umschwärmt. Was sie natürlich niemals ausnützen würden. »Niamois!«, versichert Roberto treuherzig und grinst von einem Ohr zum anderen. Wenn fesche, langhaarige Frauen in engen, eleganten Skianzügen hilfesuchend in seine Arme sinken, dann gibt er ihnen lediglich Nachhilfe im Wieder-auf-die-Beine-kommen, mehr nicht.

Roberto ist hauptberuflich Landwirt. Wenn die letzten Touristen abgerauscht sind, gehört er wieder ganz seinem Schweinestall. Steht mit den Hühnern auf und geht bei Sonnenuntergang ins Bett. Dazwischen macht er Heu, mistet den Stall aus, füttert die Tiere, stiefelt in Gummischuhen und schmutzigem Overall durch Matsch und Schlamm. Ganz anders der Winter-Roberto. Der trägt die neuesten Sikanzüge, getönte Sonnenbrillen und blond gesträhnte Haare. Das große Kribbeln beginnt Ende November, erzählt er. Wenn die ersten Schneeflocken fallen und die Skisaison eröffnet wird, gibt es kein Halten mehr. Die Heugabel fliegt in die Ecke, die Brettl kommen aus dem Keller. Er hat Glück, sagt Roberto, dass seine Eltern noch nicht so alt sind und sich in seiner Abwesenheit um den Hof kümmern können. Wenn es doch zu viel wird, muss eine Aushilfe her. Da steuert Roberto dann ein paar Euro aus seinem Winterverdienst dazu. Skifahren kann er, seit er drei Jahre alt ist, wie fast alle Südtiroler. In den Bergen zu wohnen und nicht runterzubrettern sei geradezu eine Sünde, findet Roberto. Zuerst nahm ihn der Vater zwischen die Beine, dann gab er ihm einen Schubs. Die ersten Male knallte er böse auf die Nase, doch dann lief es. Wie fast alle Bauernburschen aus seinem Ort hat er sich später zum Skilehrer ausbilden lassen. Familientradition. Die beste Möglichkeit, in der Bergwelt gehörig was dazuzuverdienen. Denn der Euro rollt, wenn die Touris anrollen. »Bischt a bisserl nett, gibt's a guats Trinkgeld«, verrät Roberto. Und er ist eigentlich immer nett. Kneipenbesuche und Abtanzen kosten ihn auch keinen Cent, denn in jeder Gruppe findet sich ein spendabler Schüler, der sich bei seinem Lehrer bedanken möchte. Und dann wären da noch die Mädels. Wenn man nach der Skigaudi in der von einem Kachelofen erwärmten Gaststube sitzt, wenn der Wirt ein paar Volksweisen auf der Gitarre spielt, dann springt schnell der Funke über. »Jo«, sagt Roberto und seine haselnussbraunen Augen strahlen. »Da kimat scho was zsamma, ehrlich gsogt.« Will heißen, pro Saison kommt der fesche Roberto auf die stolze Zahl von zwölf bis zwanzig gebrochenen Skihaserlherzen. Ein paar coole Tage und heiße Nächte, mehr ist bei ihm nicht drin. Die hartnäckigsten Fälle bombardieren ihn mit Anrufen und verfolgen ihn mit SMS-Nachrichten im Tagestakt, aber meistens ist es für die Mädels auch nur ein Winterflirt, der mit Anbruch des Sommers wegschmilzt wie der Schnee auf den Skipisten. »Des isch guat so«, meint Roberto, denn seine künftige Herzdame muss mit ihm auch die Sommer teilen und damit die frühen Morgenstunden im Schweinestall.

Andreas Hofer – Der Südtiroler Freiheitsheld und der Tiroler Bauernaufstand

Noch heute scheiden sich an Andreas Hofer die Geister. Für die einen war er ein übermenschlicher Held, für die anderen ein dem Alkohol zugeneigter Gastwirt. Für manche ein überforderter Rebellenführer, für andere ein genialer Stratege. Für alle Italiener außerhalb Südtirols ein Landesverräter, für die Südtiroler ein Nationalheld.

In St. Leonhard, dort, wo die Straße zum Jaufenpass abzweigt, wurde Andreas Hofer geboren. Am 22. November 1767 im Gasthaus Am Sande. Hofer übernahm das Gasthaus von seinen Eltern, handelte nebenbei mit Pferden und Wein. Dadurch kam er in Tirol weit herum und war schnell über das Passeiertal hinaus bekannt. Bald engagierte er sich für die politischen Interessen seiner Landsleute, denen zum einen die zentralistischen Bestrebungen des Wiener Hofes, zum anderen die gen Oberitalien vorrückenden Truppen Napoleons gar nicht schmeckten. Frankreich war damals mit den Bayern verbündet. Noch weniger gefielen den Tirolern die Veränderungen, die der folgende Herrschaftswechsel von Habsburg zu Wittelsbach mit sich brachte: Die alte ständische Verfassung wurde aufgehoben, das Land in drei Kreise eingeteilt und kirchliche Reformen eingeläutet – die Kirchen im erzkatholischen Tirol sollten unter staatliche Kontrolle gestellt, Klöster aufgelöst werden.

Als die freiheitsbewussten Tiroler schließlich zum Militärdienst für Bayern eingezogen werden sollten, platzte den ersten der Kragen und es kam allerorts zu Widerstandsbewegungen. Der Oberkommandierende des Tiroler Landsturms war Andreas Hofer. Unterdessen war Erzherzog Johann, der als Oberbefehlshaber 1805 Tirol hatte verlassen müssen und in Wien weilte, nicht untätig. Zusammen mit Andreas Hofer bastelte er an einem Plan, der vorsah, dass österreichische Truppen den Befreiungskampf der Tiroler mittragen sollten. Eine Volkserhebung Österreichs gegen die Franzosen und die verbündeten Bayern sollte es werden. Tirol sollte niemals von Österreich getrennt werden, so versprach es der Erzherzog. Als Unterstützung sicherte er Hofer und den Seinen Waffen und Hilfslieferungen zu. Daraufhin bereitete Hofer vor Ort alles vor und im April 1809 begann der Aufstand. Anfangs lief auch alles nach Plan und den Tirolern gelang es tatsächlich, Bayern und Franzosen aus dem Land zu treiben. Ganz Europa war voll der Bewunderung für das kleine Bergvolk, das mit einfachen Waffen die Truppen Napoleons zurückgeschlagen hatte. Doch Anfang Juli brachte Napoleon der österreichischen Armee eine Niederlage bei, die zum Waffenstillstand von Znaim führte. Im Vertrauen

auf die Zusage der Krone, Tirol niemals herzuge-
ben, harrte Hofer der Dinge, die da kommen
sollten. Doch tatsächlich mussten die österreichischen Truppen Tirol räumen, allen Unterstüt-
zungsbeteuerungen zum Trotz. Als schließlich
französische Truppen das Land in Besitz nah-
men, entschied sich Hofer, den Kampf fortzuset-
zen. Am 13. August besiegten die Tiroler am
Berg Isel die Franzosen und Hofer übernahm
von Innsbruck aus für zwei Monate die Regent-
schaft.

Hofer war ein gläubiger Mann. Vor und nach
der Schlacht waren der Allmächtige und die
Mutter Gottes seine erste Adresse. In die Schlacht
zog er mit himmlischem Beistand: »Mess habts
g'hört, an Schnaps habts trunken, also auf in
Gott's Namen!« Nach dem Sieg wies er beschei-
den alle Ehre von sich. »I nit, ös a nit, der da
droben!«, habe er ausgerufen, erzählt die Legende.

Für Österreich dagegen endete der fünfte
Koalitionskrieg gegen Napoleon im Oktober
1809 verheerend. Durch den Friedensvertrag
von Schönbrunn fielen Salzburg, Nordtirol und
das Innviertel an Bayern, Südtirol an Italien.
Bayerische und italienische Truppen machten
sich unverzüglich auf in Richtung Tirol und besiegten die Rebellen. Hofer zog sich aus Innsbruck zurück, ließ sich aber von seinem früheren Mitstreiter Johann Simon Haspinger zum
Weiterkämpfen überreden. Er wollte nicht an
den Verrat »seines Kaisers« glauben. In einer

völlig falschen Einschätzung der politischen Lage ließen sich die Tiroler auf sinnlose Kämpfe ein. Ende November war Hofer praktisch isoliert, doch er weigerte sich aufzugeben. Der Tiroler Widerstand zog sich noch bis in den Dezember hinein, dann musste Hofer mit seinen Gefolgsleuten fliehen. Auf Hofers Kopf wurde eine Prämie von fünfzehnhundert Gulden ausgesetzt. Mit seinen letzen Getreuen versteckte er sich auf der hoch gelegenen Pfandleralm, wo er von Mitte November bis zu seiner Festnahme hauste.

Von einem Bauern verraten, wurde Hofer gefangen genommen und nach Mantua gebracht, wo er vor ein formelles Kriegsgericht gestellt wurde. Das Urteil hatte Kaiser Napoleon bereits vor der Verhandlung gesprochen und es lautete auf Tod durch Erschießen. Wenige Stunden vor seinem Tod schrieb Hofer einem Freund: »Ade, meine schnöde Welt, so leicht kommt mich das Sterben an, dass mir nicht einmal die Augen nass werden!« Am 20. Februar 1810 wurde Andreas Hofer in Mantua erschossen. Seine Leiche wurde 1823 in die Innsbrucker Hofkirche überführt.

Noch heute wird des Tiroler Nationalhelden am 20. Februar als Vaterlandsheld gedacht. Auch die Tiroler Hymne erinnert an ihn. »Zu Mantua in Banden« wurde 1831 von Julius Mosen getextet und 1844 von Leopold Knebelsberger vertont. Bis 1814 dauerte die Teilung Tirols noch an. Dann gelang es Metternich bei der

Neuordnung Europas durch den Wiener Kongress, das Land unter österreichischer Herrschaft wieder zu vereinigen. 1834 erhielt Hofer ein lebensgroßes Denkmal in der Innsbrucker Hofkirche. Wien war seine Rolle im Jahr 1809 so peinlich, dass es jahrelang jedes Gedenken an Hofer verbot.

Der Mann aus dem Volk wurde dennoch zum Mythos für Tapferkeit, Aufrichtigkeit und Obrigkeitstreue. In Meran steht in der Nähe des Bahnhofs ein großes Bronzedenkmal, in fast allen Städten und Dörfern Tirols ist eine Straße nach ihm benannt. Im Sandhof, Hofers Geburtshaus, ist neben der Gaststube und dem Souvenirshop ein kleines Museum eingerichtet. Vielmehr eine Wallfahrtsstätte. Ausgestellt sind ein paar Kleidungsstücke, darunter auch der typische suppenschüsselgroße schwarze Hofer-Hut und der Rosenkranz, der ihm vor seinen Kämpfen Glück bringen sollte. Im früheren Stall, in dem der Mann mit dem dicken Bart vor zweihundert Jahren seine Pferde fütterte, sind außerdem Sporen, zeitgenössische Waffen und Schützenfahnen zu sehen. Wer den Ort seiner Gefangennahme besichtigen möchte, marschiert über Prantach und den Pfandlerhof zur Pfandleralm. Dort erinnert eine Gedenktafel an den verratenen Freiheitshelden.

Heute teilt Hofer wohl das Schicksal aller lokaler Unabhängigkeitskämpfer: Je globaler und anonymer die Welt wird, je größer die Verwaltungseinheiten, desto mehr wendet man sich seinen regionalen Helden zu, so umstritten sie auch sein mögen.

Sarntal – Das Tal am Ende der Welt

Es gibt ein Tal, weitab von den größeren Ver-
kehrswegen, jahrhundertelang von der Außenwelt abgeschnitten, das letzte Refugium der
Südtiroler Bergbauernkultur: das Sarntal. Es ist
wie eine andere Welt, eine geschlossene Ge-
meinschaft. Erst vor gut fünfzig Jahren wurde
der alte Saumpfad, der durch eine wildromanti-
sche Felsenschlucht ins Sarntal führte, zu einer
Fahrstraße ausgebaut, zuvor gelangte man nur
zu Fuß oder mit dem Pferd hinein. Bis heute ist
das Sarntal, es liegt etwa in der Mitte zwischen
Bozen und Sterzing, dort, wo die Felsen enger
zusammenrücken, einer der ursprünglichsten
Orte der Region. Das Penser Joch begrenzt das
Tal im Norden, im Süden verengt es sich zu einer Schlucht, in der die tosende Talfer Richtung
Bozen rauscht. Durnholz ist das letzte Dorf im
Tal und liegt am kleinen klaren Durnholzer Gebirgssee. Die Siedlung, eine Hand voll Häuser,
die sich um ein Kirchlein, außen schlicht, innen
fast vollständig ausgemalt, drängeln, geht
zurück auf eine mittelalterliche Rodungsinsel.
Der Insdersthof, hinterster und höchster im Tal,
liegt auf über siebzehnhundert Meter Höhe.
Hier endet auch die Straße. Sarnthein, in einer
Senke voller Wälder, ist der Hauptort der Ge-
meinde. Überall Blumenbalkone, Fenster mit ge-

malten Friesen, Inschriften mit gotischen Buchstaben.

Und dann wäre da noch der Sarntaler per se, das unbekannte Geschöpf, gemeinhin für seinen Witz und seine Schlagfertigkeit bekannt. Es gibt jede Menge Sarner Witze, bei denen am Ende stets der Sarner gut dasteht. Sein Wesen ist rau und unnahbar wie die Welt, in der er lebt. Allem Neuen gegenüber ist er zurückhaltend, aber doch hilfsbereit und vor allem gastfreundlich. Die beste Eigenschaft der Sarner ist ihre ausgeprägte Liebe zur Heimat. Damit kann ihre Traditionsverbundenheit, die Pflege von Tracht und Brauchtum, gut erklärt werden. Auch die Sarner Mundart nimmt unter den Tiroler Dialekten eine Sonderstellung ein. Die eigenartigen, alten Formen sowie die Melodie der Sprache mit ihren Endungen auf -a und -ar fallen sofort auf. Außerdem gebraucht der Sarner eine besonders anschauliche, blumige Ausdrucksweise.

Wie ursprünglich das vermutlich im 8. Jahrhundert erstmals von Bajuwaren besiedelte Tal ist, beweist die Tatsache, dass bereits um 1300 alle Dörfer, Nachbarschaften und über neunzig Prozent der heute bestehenden Höfe namentlich aufscheinen. »In der Volksart und Namensgebung das deutscheste aller Täler südlich des Brenners«, sagen Namensforscher über das Tal.

1540 machte das Sarntal Schlagzeilen, als ein großer Hexenprozess gegen die bekannte Sarntaler Hexe »Pachler-Zottl« stattfand: Auf dem

Pachlerhof in Wildlahn im Sarntal lebte einst die Pachler-Zottl, die im Ruf stand, eine gefürchtete Hexe zu sein, die Wetter und Tiere nach Belieben verzauberte. Sie musste wohl mit dem Teufel im Bunde stehen, da das verhexte Vieh der Reihe nach an den steilen Hängen der Wildlahn »verkugelte«. Mit dem Teufel und den anderen Hexen aus der Gegend, so lautete der Vorwurf, feierte sie bei den Steinernen Mandln nächtliche Gelage und schreckte nicht davor zurück, fremden Kühen heimlich Milch aus den Eutern zu stehlen sowie den Nachbarinnen das Zusammengehen der Butter im Schlägel zu vereiteln. Nach allerlei bösen und unchristlichen Taten wurde die Pachler-Zottl eingefangen und hinunter nach Sarnthein gebracht, wo man sie verurteilte und schließlich droben am Öttenbacher Galgenplatzl zu Asche verbrannte, so will es die Legende. Der Überlieferung nach soll die Pachlerin eine Zugezogene gewesen sein, die vor unseligen Gerüchten ins Sarntal flüchtete und sich durch Zupacken bei den Nachbarn beliebt machen wollte. Allerdings wurde sie für jedes Unheil, das über die Leute in den Bergen kam, verantwortlich gemacht. Als eines ihrer Kinder erkrankte und starb, war klar: Die Pachlerin hat es verhext. In tiefer Trauer vernachlässigte sie daraufhin ihr Äußeres und wurde zur Pachler-Zottl. Als die Behörden Wind von der Angelegenheit bekamen, wurde die Frau verhaftet. Unter Folter gestand sie, Kinder gegessen zu haben und allerlei Schändliches mehr. Sie wurde zum

Tod auf dem Scheiterhaufen verurteilt, ihre Asche in die Talfer gestreut.

Heute ist alles noch genauso wie früher und doch ein bisschen anders. Man ist nicht mehr unter sich. Die traditionellen Feste sind längst zu Touristenattraktionen geworden, was den Sarntaler allerdings wenig beeindruckt. Er zelebriert seine religiösen Feierlichkeiten wie eh und je. In die Kirche geht man immer noch in Tracht, das ganze Dorf. Stolz, selbstbewusst, selbstverständlich. Als Ludwig Thoma eine Gruppe Sarner in Tracht beobachten konnte, vermerkte er, die Sarner hätten ihn in ihrer vornehmen Würde an britische Lords erinnert. Die Sarntaler Tracht zählt bis heute zu den stilreinsten des gesamten deutschen Sprachraums und – wie praktisch, die Farbe der Kleidung lässt auf den ersten Blick erkennen, ob ein Mann verheiratet ist oder ledig. Hat er rote Schnüre am Hut, so ist er noch zu haben! Grüne Schnüre dagegen bedeuten, die Ehefrau ist nicht weit!

In den schwer zugänglichen Regionen waren die Bauern dem Zugriff der Obrigkeit entzogen und kochten ihr eigenes Süppchen. Doch bei aller Nostalgie war das Leben dort kein Zuckerschlecken. Oft lebten die Menschen mit den kargen Erträgen ihrer Höfe völlig auf sich selbst gestellt am Rande des Existenzminimums. Das Leben ist nicht einfach, wo die Wiesen so steil sind, dass es Schwerstarbeit ist, wenn im Sommer das Heu in großen Ballen und Tüchern hochgeschleppt oder das Korn auf einem Schlitten vorsichtig über gefrorene Wege gezogen werden muss. Die Angst, dass der Winter alles erstickt, das Schmelzwasser im Frühjahr alles wegwäscht. Der Bauer stiefelte noch mit der Sense los, wenn das Gras gemäht werden musste, die Technisierung der Landwirtschaft und die Bildungsmöglichkeiten der Landbevölkerung blieben im Sarntal bis in die siebziger Jahre noch weit zurück.

Dank des Tourismus ist heute alles etwas leichter geworden, jedes Zimmer, das übrig ist oder ausgeräumt werden kann, wird an die staunenden Fremden vermietet. Der Schulbus fährt bis zum letzten Haus und sammelt die Kinder ein.

Einmal im Jahr geht es richtig hoch her im Sarntal. Wenn von den beiden Sarner Kirchtürmen Fahnen wehen, Blaskapellen durch die Straßen ziehen, dann ist Kirchtag. Dazwischen sind Schützen unterwegs, mit dem typischen Federhut, den knielangen Lederhosen und den grellbunten Kniestrümpfen. Früher wurde am ersten Septembersonntag der größte Viehmarkt der Region veranstaltet, inzwischen ist es eher ein kunterbunter Jahrmarkt. Nur ein paar Pferde wiehern noch angebunden an langen Stangen zur Besichtigung.

Der ganze Stolz des Sarner Bauern ist nämlich das Haflinger-Pferd. Die Zucht dieses kleinen, goldbraunen und blondmähnigen Gebirgspferdes ist im Sarntal seit jeher von besonderer Bedeutung gewesen. Gerühmt werden die Gut-

mütigkeit, die Trittsicherheit und der Orientie-
rungssinn dieses früher vor allem als Tragtier
verwendeten Pferdes. Von überragender Intelli-
genz kennt es die Kinder am Hof und merkt
sich jeden, der ihm öfter Süßigkeiten zusteckt,
sagt man. »Das Haflinger-Rössl macht alles, versteht alles und kann alles, nur Zeitung lesen
kann es nicht«, freuen sich die Sarner. Heute
wird der Haflinger nicht mehr so häufig als Ar-
beitspferd gehalten, sondern ist fast ausschließlich zum Freizeitpferd geworden. Besonders als
Reitlernpferd erfreut er sich wachsender Beliebt-
heit: Er wirft niemanden ab und bringt auch den
ungeschicktesten Anfänger wieder heil an den
Ausgangspunkt seiner Reitrunde zurück. Übrigens ist der Haflinger mittlerweile auch offiziell
»Made in Südtirol«.

An der wichtigen Frage, »Woher stammt die
Blondine unter den Ponys eigentlich ursprünglich? Aus Österreich oder aus Italien?«, schieden
sich jahrelang die Geister. 1997 sprach die Europäische Union ein Machtwort und die Haflinger Südtirol zu. Aber nur die mit den richtige
Maßen: Zwischen 1,42 und 1,46 Meter groß, hel-
les Langhaar, goldfuchsfarbenes Fell, kurzer
Kopf, kleine Ohren, kleine Blesse. Gang flach,
elastisch, trittsicher, der Charakter friedfertig,
ausgeglichen, leistungsbereit, so steht es in ihrer
Set-Card. Die besonders schönen Exemplare bekommen ein Brandzeichen mit einem H in einem Edelweiß aufs Fell gedrückt. Bleibt noch zu
erwähnen, wie die Blondine zu ihrem Namen

kam. Eines schönen Tages, so erzählt man sich, war Kaiser Franz Joseph in Südtirol unterwegs. In das Örtchen Hafling, das damals nur über Maultierpfade zugänglich war, brachte den Kaiser eine fuchsfarbenes Pferd mit heller Mähne. Der Kaiser war so begeistert von dem Vierbeiner, das es fortan Haflinger hieß.

Man hängt an den Traditionen im Sarntal. Berühmt sind vor allem die Federkielsticker. In mühsamer Kleinarbeit werden althergebrachte Muster auf Leder gestickt, auf Hosenträger und Leibgurte. Ausgangsmaterial für diese Stickereien sind die Kiele der Pfauenschwanzfedern. Diese werden in mehreren Arbeitsgängen mit einem Spezialmesser zu verschieden breiten Fäden geschnitten. Die vom Fatschenmacher entworfenen und mit weißem Pauspapier auf das Leder übertragenen Muster, Initialen und Ornamente werden dann mit diesen Federkielen ausgestickt. Dabei werden die Kiele, wohlgemerkt ohne Nadel, durch die mittels einer Ahle gestochenen Löcher gezogen. Die Fertigung einer prächtigen *Fatsch*, also eines Leibgurtes, des ganzen Stolzes eines Mannes, dauert bis zu zweihundert Arbeitsstunden. Eine willkommene Abwechslung und eine nützliche Verdienstquelle in den langen Wintermonaten. Inzwischen bestickt man auch Geldbörsen, Schlüssel- und Handtaschen. Aus der ganzen Welt trudeln Aufträge ein. Der *Sarnerjagger*, der Vater aller Trachtenjanker, eine gestrickte Jacke aus handgesponnener Wolle mit gefüttertem Vorderteil, ohne

Knöpfe, am Hals mit einem Kettchen zusammengehalten, kommt ebenfalls aus dem Sarntal. Und den gibt es nur hier. Was man andernorts im Laden bekommt, sind bestenfalls Kopien. Die berühmten Filzpantoffeln, die echten, werden mit viel Fingerspitzengefühl ebenfalls in diesem Tal genäht. Ein Kleister aus Roggenmehl macht sie so steif. Noch härter sind die *Koschpn*, Clogs aus Holz und Leder. Auch die beste aller Kratz-Zithern, die *Raffele* mit dem guten Klang, entsteht im Sarntal. Jakob Thaler, eine wahre Institution, baut diese herrlichen Instrumente. Nebenbei züchtet er übrigens Bienen und verkauft Honig. Man muss sich etwas einfallen lassen in der Abgeschiedenheit, auch heute noch.

Von Schlössern und Schlossgespenstern, Rittern und Rüstungen, Burgen und Burgfräulein

Es war die Zeit der tapferen Ritter, der schönen Burgfräulein, des Oswald von Wolkenstein und des Walther von der Vogelweide – den die Südtiroler zwar für sich reklamieren, der neueren Forschungen zufolge jedoch Niederösterreich zuzuordnen sein dürfte. Vierhundertfünfzig stolze Burgen und Schlösser erhoben sich einst in Südtirol. Manche ragten über der Talsohle, andere waren in Weingüter eingebettet oder schauten von den Hügeln hinab ins Tal. Es gibt bis eute in Südtirol kaum ein größeres Tal ohne Burgen. Viele sind inzwischen altersgrau und schmucklos, einige dem Verfall preisgegeben und zu bizarren Ruinen oder kümmerlichen Mauerresten geworden. All die mächtigen Türme, Mauern und Wehrgänge, Rittersäle und Burgkapellen, von tiefer Stille umgeben, erzählen die Geschichte dieser Zeit und gruselige Abenteuer.

In Schloss Neuburg oder Schloss Maultasch bei Terlan lebte einst Margarethe Maultasch, Erbtochter Herzog Heinrichs von Kärnten, letzte Gräfin Tirols und wohl das emanzipierteste Frauenzimmer dieser Zeit. Alles andere als ein hübsches Burgfräulein kam sie 1318 zur Welt und musste sich zeitlebens wegen ihrer hässlichen Unterlippe Spott gefallen lassen. In erster

Ehe war sie mit Johann Heinrich von Luxemburg verheiratet, gegen Geld und aus Kalkül, um die politische Nachfolge zu sichern. Margarethe war damals zwölf, ihr Gemahl neun. Als sie die Nase voll hatte von ihrem ungeliebten, machtgierigen Gatten, warf sie ihn ohne Rücksicht auf Verluste hinaus und heiratete in zweiter Ehe Markgraf Ludwig von Brandenburg. Ein Skandal, denn ihre erste Ehe war nach kirchlichem Recht noch nicht gelöst, und zudem war ihr zweiter Gatte auch noch weitläufig mit ihr verwandt. Der Papst griff ein, belegte Margarethe nebst Gatten mit dem Kirchenbann, Tirol mit dem Interdikt. Doch es sollte noch viel schlimmer kommen: Der Bruder des verschmähten Johann griff an und verwüstete Teile der Region, die Pest brach aus, es gab Überschwemmungen, und an allem sollte Margarethe schuld gewesen sein, fand jedenfalls das Volk. 1363 gab sie auf, trat von der Regierung zurück, überließ Tirol dem Habsburger Rudolf IV. und zog sich nach Wien zurück, wo sie auch gestorben ist. Schloss Maultasch ist heute die Ruine Maultasch, zu der der Margarethenweg führt.

Eines berühmten Exbewohners kann sich auch Burg Hauenstein am Fuße der Santnerspitze rühmen. Einer ihrer Besitzer war Minnesänger Oswald von Wolkenstein, der letzte Ritter und Revolutionär des Minnesangs. Er wurde im Jahr 1367 geboren und wuchs auf der Trostburg im Südtiroler Eisacktal auf. Mit neun Jahren verlor Oswald beim Faschingstreiben sein rechtes

Auge, ein Jahr später war der verwegene Bursche schon wieder beim Feldzug gegen die heidnischen Litauer dabei und später als Minnesänger, Berater und Begleiter von Königen und Kaisern unterwegs. Nach seiner Rückkehr in die Heimat ließ er sich auf der wildromantischen Burg Hauenstein unter dem Schlern nieder. Während in den gängigen Liedern und Gedichten bis dahin das Bild der hohen Herren idealisiert und in ein starres Korsett gepackt wurde, ließ Oswald erstmals auch eigene Gedanken und Überlegungen einfließen.

Burg Hauenstein ist mittlerweile eine Ruine. Das blasse, weithin sichtbar leuchtende Gebäude, auf einen gewaltigen Felskopf gepackt, aus hellem Dolomitenstein gebaut, umgibt bis heute ein Geheimnis: Nicht weit entfernt liegt die Burgruine Salegg, auf einem sanften Hügel, eher unspektakulär. Die Legende erzählt, dass es zwischen den beiden Schlössern einst eine unterirdische Verbindung gegeben haben soll, die bisher allerdings niemand entdeckt hat. Was man da wohl finden würde? Gespenster? Skelette? Folterkammern? Reste eines Tête-à-Tête, von Wolkenstein mit einem hübschen Burgfräulein? Ihm zu Ehren jedenfalls wird alljährlich am ersten Wochenende im Juni das Oswald-von-Wolkenstein-Reitturnier in mittelalterlichen Kostümen veranstaltet.

Schloss Runkelstein, eine malerisch am Eingang des Sarntales bei Bozen gelegene Burg, ist dank ihrer um 1400 entstandenen Freskenzyklen

(Tristan, Garel, Wigalois) wohl einzigartig. Die Burg wird 1237 erstmals erwähnt, nach wechselvoller Geschichte erlebte Runkelstein seinen Höhepunkt zur Zeit der Romantik. Die »schöne Ruine« wurde ein beliebtes Ziel von Malern, Zeichnern und Dichtern. Die Begeisterung führte sogar zur Wiederherstellung der Burg und mündete in der Schenkung Runkelsteins durch Kaiser Franz Joseph an die Stadt Bozen. Nach aufwändigen Restaurierungsarbeiten ist die Burg seit April 2000 zusammen mit Wechselausstellungen und der alten Burgschenke wieder für das Publikum geöffnet.

Die Burgruine Stein liegt unterhalb von Klobenstein in Siffian. Dort schiebt sich ein Sporn in das tief eingefressene Tal des Steger Baches hinaus, auf dessen äußerstem Eck ein schmaler Fels aufragt: Auf diesem »Stein« hat man im Mittelalter die kleine Burg gebaut. Weil der Felskopf mickrig und schmal ist, hat man ihn gegen Süden mit einer außergewöhnlich hohen Stützmauer versehen. Schon beim Gedanken daran schwindelt einem, wie ausgesetzt vor achthundert Jahren die Maurer sozusagen in der Luft standen, als sie diese Stützmauern errichteten. Gegen die kleine Wiese im Nordwesten der Burg fällt der Burgfels mehrere Meter senkrecht ab und war einst nur über eine Leiter zu betreten. Das Tor ist heute noch zu sehen, ebenso sind Teile der dort herumführenden Ringmauer erhalten. Wann Stein zur Ruine geworden ist, weiß man nicht genau. Marx Sittich von Wolkenstein schreibt um 1610, dass »alt Burgstall am Stein«, von welchem das Rittner Gericht den Namen erhalten hat, »zerfallen ist und nicht mehr bewohnt ist«.

Richtig hoch her muss es anno dazumal auf Schloss Matschatsch zugegangen sein, einem versteckten Waldschloss zwischen Eppan und Kaltern. Das kleine Schloss verbirgt sich hinter hundertjährigen Mammutbäumen und war einst ein Adelssitz. Rauschende Sommerfeste sollen hier zwischen Eichengebüsch, hohen Buchen und Fichten gefeiert, Wildschweinjagden in den Buchenwäldern veranstaltet worden sein. Geblieben ist ganz viel Natur und gelegentliches Knacken im Unterholz.

Hoch über Siebeneich auf einem gewaltigen, mit überhängenden Felswänden abbrechenden Felspfeiler ragt Burg Greifenstein in den Himmel. Heute ist sie längst zur Ruine herabgesunken, in ihren einsamen Gemäuern macht sich der Wildwuchs breit. Früher war sie dank ihrer extremen Lage beinahe uneinnehmbar. Erstmals erwähnt wurde sie im Jahr 1159 während des Krieges zwischen den Grafen von Tirol und dem Bischof von Trient. In den Jahren 1275/1276 wurde die Burg durch Brenngeschosse zerstört und erst 1334 von den kleinadligen Herren von Greifenstein wieder aufgebaut. Doch bereits 1348 wurde sie erneut niedergebrannt. Später gelangte Greifenstein – 1363 neuerlich aufgebaut – an die Herren Starkenberg. Im Jahr 1420, als sich ein Teil des Tiroler Adels gegen den Landesfürsten

Herzog Friedrich von Österreich stellte, ließ dieser die Burg so lange belagern und aushungern, bis sie in seine Hände fiel. Unter den Feinden des Herzogs befand sich auch der Minnesänger Oswald von Wolkenstein. Dieser dichtete den fürstlichen Belagerern ein Kampflied, in dem er sie verspottete. Die Landesfürstlichen konnten die Burg Greifenstein nicht einnehmen, aber der Kampf des Adels und des Burgherrn Wilhelm von Starkenberg war inzwischen sinnlos geworden und so entwich der Starkenberger vermutlich durch den Felsspalt im Südwesten der Burg. Die achtzehn Knechte gaben den Widerstand auf, als man ihnen freien Abzug zusicherte. Heute ist Burg Greifenstein nur noch als Ruine zu besichtigen. Einst trug sie übrigens den hübschen Beinamen »Sauschloss«. Dieser Name geht zurück auf eine Sage, die aus der Zeit der Belagerung stammt. So sollen die Verteidiger der Burg in größte Not und Bedrängnis geraten sein, als die gesamten Vorräte aufgebraucht waren. Nur noch ein gut gemästetes Schwein war im Burgkeller. Doch da hatte einer eine Idee. Anstatt das Schwein zu schlachten, warf man es höhnend und lachend über den Burgfelsen hinab, gerade vor die Belagerer hin. Als diese das Schwein erblickten, verloren sie jeden Mut, denn sie glaubten, dass die Verteidiger der Burg noch unzählig viele Vorräte haben müssten. Schließlich zogen sie ab und somit war Greifenstein gerettet.

Burg Rotung bei Taufers gehört zu den höchstgelegenen Burgen. Zusammen mit dem um die

Jahrhundertwende eingestürzten und verschwundenen Viereckturm Helfmirgott war die Burg einst Teil einer Befestigungsanlage. Um den Viereckturm mit dem merkwürdigen Namen rankt sich eine Legende: Es war einmal eine wunderschöne Jungfrau, die vom Schlossherrn arg bedrängt wurde. Als sie keinen anderen Ausweg mehr sah, sprang sie in ihrer Verzweiflung von eben diesem Viereckturm und rief dabei »Helf mir Gott!«. Wie durch ein Wunder überlebte sie den Sturz unversehrt. In manchen Vollmondnächten hallt der Schrei der Jungfrau noch heute durch die Wälder, sagen die Einheimischen.

Meine Lieblingsburg ist die Haderburg bei Salurn, die Mutter alle Burgen. Ein bizarres Bauwerk mit schlanken Schwalbenschwanzzinnen auf einem schroffen, schwindelerregenden Felsen. Früher unbezwingbar, seit dem 17. Jahrhundert dem Verfall preisgegeben. An der Südseite führt ein schmales Weglein den Steilhang hinauf. Steht man dann oben bei den alten Mauern und blickt hinunter, fühlt man beinahe wie ein Burgfräulein.

Und dann wäre da noch die Burg, die es gar nicht mehr gibt. In der Nähe von Niedervintl gibt es eine bewaldete Anhöhe, »das Bergl« genannt. Rund um das Bergl führt ein Wanderweg. Geht man diesen entlang, stößt man mit einem Mal auf Burgruinen. Einige von Wald und Erdreich bedeckte Mauern. Hier soll sich einst die prachtvolle Burg Vintl erhoben haben. Ein reicher Burgherr und schöne Burgfräulein sollen hier gelebt und immense Goldschätze besessen haben. Eines Tages jedoch tauchte ein Riese auf und legte den Bau in Trümmer, so erzählt es die Legende. Bis heute weiß niemand, wie die Burg ausgesehen haben mag, wer sie erbaut und tatsächlich bewohnt hat.

Es gibt eine Dame, hochgewachsen ist sie und hat dichtes silbergraues Haar, trägt meist einen dicken, dunklen Wollmantel, aus dem ihre dünnen Beine wie Stelzen herausragen, ihr bleiches Gesicht ist von tiefen Furchen durchzogen. Das Auffallendste sind ihre Augen. Sie sind hellblau. So hellblau, dass sie beinahe farblos erscheinen. Jedes Jahr steht sie an derselben Stelle auf der von immergrünen Magnolien gesäumten Promenade in Meran und füttert die Tauben.

Nach Meran kommt man, um die Zeit anzuhalten, die Uhr gar ein Stück zurückzudrehen. Wie kann man sich auch im Angesicht von ewigem Schnee hoch oben im Passeiertal und auf den Dreitausendern der Texelgruppe und dem mediterranen Blühen im Meraner Becken etwas anderes wünschen als Unsterblichkeit? Und die Chancen, die Uhr wenigstens einen Tick anzuhalten, stehen gut in Meran. Sind die Tauben gefüttert, trinkt die Dame mit den hellblauen Augen eine Tasse Tee in dem kleinen Café an der Promenade. An einem der Tische, auf denen überreife weiße Rosen im Glas schwimmen, neben dem älteren *Signore* wie aus längst vergangenen Zeiten, der in seinem *cafe corretto* rührt, schwarz mit Schuss. Den dunklen Hut hat er auf dem Tisch abgelegt, den roten Seidenschal sorgfältig über der Weste zurechtgezupft. Über seinen blitzblanken Lederschuhen blitzen weiße Gamaschen. Auch er kommt jedes Jahr nach Meran ins mildeste Winterklima des deutschen Sprachraums, dorthin, wo sogar erstklassige Kiwis geerntet werden.

Da sitzen sie und lauschen dem Kurkonzert. Wenn die Dame ihren Tee in kleinen Schlückchen geleert hat, trippelt sie auf ihren Stelzenbeinen zu ihrem Lieblingsplatz, zum Schloss Trauttmannsdorf. Dort sind Pflanzen aus aller Welt versammelt, Spazierwege schlängeln sich durch Wasser- und Terrassengärten den Hang empor, führen in den Sinnesgarten oder in den Japanischen Garten, auf den Kakteen- und Sukkulentenhügel oder zu Kulturpflanzen des Südens wie Olivenbaum und Weinrebe. Vor über hundertfünfzig Jahren wurden die ersten exotischen Gewächse nach Meran gebracht und mal hier, mal dort in den weitläufigen Anlagen der Kurstadt angepflanzt. In den Schlossgärten sind sie nach ihrer Herkunft geordnet.

Die Karriere von Meran als Kurort begann mit einem Büchlein, in dem stand, dass Luft, Wasser und Milch hier derart gut seien, dass das natürliche Lebensende zumindest lange hinausgeschoben werden könne. 1837 veröffentlichte der Wiener Leibarzt der Gräfin Schwarzenberg, ein gewisser Dr. Josef Huber, eine Studie über die »Stadt Meran in Tirol, ihre Umgebung und ihr Klima«, nebst Bemerkungen über Milch-, Molke- und Traubenkuren und nahe Mineralquellen. Dr. Hubers Broschüre kam wie gerufen und die findigen Meraner machten sich sogleich an die Arbeit. Klimatische Berechnungen wurden erstellt, Beobachtungen gemacht, die ersten Fremdenpensionen eröffnet, und 1840 wurde der erste Fremdenprospekt in Deutsch und Französisch gedruckt. Zunächst konzentrierte man sich auf Molke- und Trauben-Trinkkuren. Dann stellte man bald um auf den »Wintertourismus«. Und so kam die Idee auf, Terrainkuren anzubieten, also Wandern auf mäßig ansteigenden Wegen, besonders heilsam bei bestimmten Herzkrankheiten oder Fettsucht. Der Erfolg war durchschlagend. 1845 ließ sich Erzherzog Johann anlocken und brachte viele aristokratische Besucher mit.

1850 bereits gab es eine erste Art Kurverwaltung mit Kurordnung und Kurtaxe. Kuranlagen, Promenadenwege und Hotels wurden aus dem Boden gestampft. Als dann auch noch die legendäre Kaiserin Sisi in Meran weilte und die Gesundheit ihrer Tochter Valerie große Fortschritte machte, war der Aufstieg Merans zu einem Kurort von europäischem Ruf, zum Treffpunkt der europäischen Aristokratie und des Geldadels eingeläutet.

Es war im Oktober 1870, als die Kaiserin Schloss Trauttmannsdorf zum ersten Mal besuchte und längere Zeit blieb. Vielleicht waren es die Schlossgärten, die die Kaiserin faszinierten. In den folgenden Jahren machte sich Sisi so oft sie konnte auf den Weg nach Meran. Die südliche Landschaft und die grandiose Bergwelt der Dolomiten scheinen die Kaiserin immer wieder in den Bann gezogen zu haben. Im Sommer 1897 kam Sisi zum letzten Mal nach Meran, diesmal wohnte sie im Hotel Kaiserhof in der Habsburger Straße. Am 26. September machte sie einen Ausflug nach Longfall, über den die *Meraner Zeitung* laut *dorftirol.com* Folgendes berichtete: »Am 26 d. nachm. wurde neuerdings Tirol per Wagen besucht, von dort die Wiesen bis zum Farmerkreuz und von dort nach Longvall gestiegen, wo Ihre Majestät unter der Leitung des städtischen Brunnenmeisters Stiegholzer die Meraner Quellen besichtigten, das Wasser verkostete, sowie sich eingehend um Temperatur desselben ecc. erkundigte. Im Longvallhofe nahm die Kaiserin Brot und Milch und Butter zu sich. Hierauf wurde zu Thal gestiegen, die Tiroler Wasserleitung noch besichtigt und über Schloss Auer, Tiroler Fußsteig und Tappeinerweg zurückgekehrt.«

Dank so viel kaiserlicher Publicity zählte Meran um 1900 mit seinen vielen Spazierwegen und Promenaden zu den am besten besuchten Terrainstationen. Die großen Geister dieser Zeit gaben sich die Hotelklinken in die Hand. Die geschäftstüchtigen Meraner rieben sich die Hände und rüsteten weiter auf: Medizinalbäder, Licht-, Luft- und Dampfbäder, diverse Diät- und Mineralwasserkuren, Massage und Heilgymnastik, Inhalations- und pneumatische Therapien.

In den kommenden Jahren und Jahrzehnten galt es als »in«, sich in der mondänen Kurstadt Meran blicken zu lassen. Die Gästeliste las sich wie ein Who's who in der damaligen Zeit: Arthur Schnitzler, Rainer Maria Rilke, Béla Bartók, Max Reger, Paul Hindemith, Richard Strauss und viele andere suchten hier Entspannung und Heilung.

Faschismus und Nationalsozialismus machten Merans glanzvollen Zeiten ein Ende. Die Gäste blieben aus, Hotels wurden als Büros zweckentfremdet. Nach dem Zweiten Weltkrieg ging Merans Karriere als Kurort wieder weiter. Aber weniger glanzvoll. Unter die Promis mischten sich zunehmend Pauschaltouristen. Heute kommen Meran, Dorf Tirol und Schenna pro Jahr auf stattliche 2,6 Millionen Übernachtungen, Künstler und Normalsterbliche.

Die alte Dame mit den hellblauen Augen kommt zweimal im Jahr. Zum Taubenfüttern und zur Traubenkur, der Königsdisziplin in Meran. Trauben essen kann ich auch zu Hause, denken Sie vielleicht, doch weit gefehlt! Nicht jede gemeine Traube eignet sich zur Traubenkur. Die Meraner Kurtraube, auch Großvernatsch genannt, hat eine besonders dünne Schale und ein besonders weiches Fruchtfleisch. In ihrer prallen Schale stecken jede Menge organische Säuren, Mineralsalze und Vitamine. Ein echtes Powerpaket, denn ein Kilo Traubensaft enthält stattliche achthundert Kalorien.

Eine Traubenkur machen heißt nicht etwa,

Trauben zu essen, bis sie einem bei den Ohren herauswachsen. Eine Traubenkur hat ihre eigenen Gesetze! Ganz wichtig: Das Träublein muss jeden Morgen taufrisch vom Stock auf den Teller kommen. Nach sorgfältiger Reinigung kann sie dann verzehrt werden. Auch dafür gibt eine genaue Gebrauchsanweisung: Man nehme die Beere und presse sie mit der Zunge kräftig gegen den Gaumen, um das Fruchtfleisch freizulegen. Schale und Kerne spucke man aus. Auf diese Art sollte man täglich zwischen dreihundert und tausend Gramm verspeisen, am besten verteilt auf zwei Mahlzeiten. Optimal wäre es, danach einen strammen Spaziergang einzuplanen. Wenn dazu noch Zeit bleibt! Verspeisen Sie mal tausend Gramm Trauben Früchtchen für Früchtchen. Das kann schnell zum Tageswerk werden ...

Die entgiftende und entschlackende Traubenkur half und hilft noch immer bei Nieren-, Magen- und Darmproblemen. Sie macht den Kopf frei, findet die Dame mit den hellblauen Augen und trippelt zu ihrer nächsten Anwendung.

König Ortler und seine Untertanen

Der Ortler kann Himmel und Hölle sein. An wunderbar klaren Tagen, wenn die Felsen rötlich im Licht der Morgensonne erstrahlen, wenn im Tal noch ein paar Nebelschwaden wie feine Schleier hängen, wenn das Wetter gut ist, wenn man genug zum Trinken eingepackt hat, die Ausrüstung stimmt und wenn man sich mit dem Klettern auskennt, dann will man sein Leben lang nichts anderes mehr tun als Bergsteigen. Doch dann gibt es diese Tage, wenn es regnet, wenn der Klettersteig von losem Gestein bedeckt ist und von der Nässe schlüpfrig wird. Wenn die Füße schmerzen, die Oberschenkel brennen, wenn es auf dem Weg nach oben dann auch noch leicht zu schneien beginnt. Wenn der Felsen brüchig scheint, wenn der König der Berge sich auf dem Gipfel als wolkenverhangener, kalter und abweisender Geröllberg präsentiert, wenn man meint, den Abstieg niemals zu schaffen, dann hasst man ihn, den König der Berge.

Wer ein bisschen Ortler-Luft schnuppern möchte, marschiert zur Payerhütte, die wie ein Adlernest auf dem Tabarettakamm liegt. Schweißtreibender als der Aufstieg ist hierbei allerdings der Aufenthalt in der Hütte.

Wohlverdiente Ruhe in einer gemütlichen Almhütte? Von wegen! In der Regel ist alles voll besetzt, der Geräuschpegel ist ungefähr so hoch wie auf dem Münchner Oktoberfest. Im Gastraum herrscht drangvolle Enge, das Essen wird in mehreren Schichten serviert. Wer übernachten möchte und nicht vorher reserviert hat, muss sehen, wo er sich mit seinem Schlafsack niederlassen kann. Wer zuerst kommt, mahlt zuerst, gilt auch beim Frühstück, danach geht's im Pulk gen Gipfel. Ich mittendrin. Ich will »auffi« auf den König Ortler. Drei Stunden Aufstieg von der Hütte bis zum Gipfel sollten doch locker zu schaffen sein, dachte ich. Tja ...

Ich setzte also todesmutig den knallgelben Steinschlaghelm auf meinen Kopf und stiefelte hinter den anderen her. Über Felskanten, senkrecht am Hang verankerte Leitern und Eisenstifte. Nach kurzer Zeit schlackerten meine Knie wie Wackelpudding und das herrliche Dolomiten-Panorama war mir völlig schnuppe. Während die anderen auf bröselig wirkenden Felsvorsprüngen herumturnten, fühlte ich mich wie ein Schiffbrüchiger, der sich mitten im Ozean verzweifelt an ein Stückchen Holz klammert. Mit einem Unterschied: Unter mir kein Wasser, sondern nur Luft. Also nichts! Und nichts ist verdammt wenig. Irgendwann klickte jemand seinen Karabinerhaken in meinen und nahm mich an Leine und Hand. Auf dem letzten Teil war ich heilfroh, einfach nur vor mich hin trotten und die immer weiter werdende Aussicht genießen zu können. Und dann: Gänsehaut pur! Der Blick vom Gipfel ist einfach überwältigend, viel schöner als jede Postkarte. Der Ortler über-ragt alle Berge im weiten Umkreis, im Osten ist kein Alpengipfel höher als er, im Westen finden sich die ersten höheren Gipfel in der mehr als fünfzig Kilometer entfernten Bernina-Gruppe. Stehen und staunen. Als ich dann nach meiner ersten Ortler-Tour wieder unten im Tal war, müde und erschöpft wie noch nie in meinem Leben, mit brennenden Füßen und Schmerzen in Muskeln, von denen ich nicht einmal wusste, dass ich sie besaß, und eine heiße Suppe löffelte, die beste, die ich jemals geschlürft hatte, wollte ich sofort wieder hoch auf den Ortler, trotz aller Strapazen.

2004 war Partytime in Sulden, dem Zermatt Tirols unter dem mächtigen Kalkklotz mit der Eismütze im Vinschgau. Zum zweihundertsten Mal jährte sich die Ortler-Erstbesteigung und fast täglich wurde König Ortler gefeiert, der Berg, der mit seinen 3905 Metern nur knapp die Viertausendergrenze verfehlt, der noch zu Be-ginn des 18. Jahrhunderts als unbesiegbar galt – bis der Südtiroler Gämsenjäger Josef Pichler die Bühne der Geschichte betrat. Es war der 27. Sep-tember 1804, als der neununddreißigjährige Pich-ler, genannt Pseirer Josele, zusammen mit Jo-hann Leitner und Johann Klausner den Berg über eine seiner schwersten Routen, über die Hinteren Wandeln, bezwang. In einem Gewalt-marsch von mehr als neun Stunden ohne Pickel, ohne Seil, nur mit simplen Holzstangen, in Hirschlederner und Lodenjacke, Wollstrümpfen und Tirolerhut. »Majestät, das große Werk ist vollbracht. Ich verspüre eine unsagbare Freude«, teilte der Bergoffizier der österreichisch-ungarischen Monarchie, Dr. Gebhard aus Sulden, anschließend dem Erzherzog Johann in Wien mit. Da man dem Pichler die Erstbesteigung aber doch nicht so ganz abnehmen wollte, musste er ein Jahr später nochmal ganz nach oben und auch gleich eine Fahne auf dem Gipfel anbringen. Damit hatte das kleine Sulden, das als Armenhaus Tirols galt, einen Helden und eine Zukunft, denn noch im selben Jahr erfolgte die erste touristische Besteigung des Ortler. Innerhalb kürzester Zeit entwickelte sich Sulden zu einem berühmten Fremdenverkehrsort der österreichischen Monarchie. Heute kommen im Jahr an die dreihunderttausend Besucher in den Ort, wo der moderne Alpinismus seinen Anfang nahm.

Pichler selbst bestieg den Ortler übrigens immer wieder, zum letzten Mal, als er achtzig war. Zuvor hatte man das raue, stets von Lawinen gefährdete, abgelegene Hochtal, in dem noch im vorigen Jahrhundert nur wenige Menschen unter harten Bedingungen ihr Auskommen fanden, müde belächelt. Man erzählte sich wilde Geschichten von den Kindern in Sulden, die auf Wölfen ritten, und Menschen, die mit Bären an den Tischen saßen und mit ihnen gar aus einer Schüssel aßen. Genährt wurden die Schauermärchen von Vorfällen wie diesem: Mitte des 19. Jahrhunderts zerriss ein Bär das Maultier eines Geistlichen. Bären sind heute nicht mehr unterwegs in Sulden, wenn Ihnen doch ein großes Tier mit viel Fell begegnen sollte, handelt es mit größter Wahrscheinlichkeit um einen Yak. Die tibetischen Hochlandrinder brachte Reinhold Messner 1985 nach Sulden. Mittlerweile fühlen sie sich hier genauso wohl wie in ihrer Heimat.

Knapp vierhundert Einwohner hat Sulden heute, eine Hand voll Yaks und wohl den einzigen Bergführer, der so heißt wie der Berg, auf den er führt: Kurt Ortler. »Ich bin auf einem Bergbauernhof in der Nähe von Sulden geboren und bin seit zehn Jahren Bergführer«, schreibt er auf seiner Internet-Seite. Seine Leidenschaft waren immer schon die Berge, erzählt er, genau wie bei seinem Vater, der als Gämsenjäger und Schmuggler unterwegs war. Mit dreizehn Jahren fing Ortler an, auf die Berge zu steigen, seine ersten Touren machte er in der Ortlergruppe, wo er auch heute hauptsächlich sein Brot als Bergführer verdient. »Als Südtiroler liebe ich nichts mehr als die Berge. Diese Liebe möchte ich gerne mit Ihnen teilen. Ich möchte ein guter Bergführer für meine Gäste sein und vom Bergführerberuf leben können«, schwärmt Ortler und dann sagt er einen Satz, aus dem eine Liebe zu den Gesteinsmassen spricht, die man vielleicht nur nachfühlen kann, wenn man am Fuße der Berge geboren wurde. »Ein Leben unten im Dorf kann ich mir nicht vorstellen, denn das sind alles arme Leute, die nicht oben sein dürfen.«

Hätten Sie gedacht, dass man den besten Mord am Berg begeht oder dass auch Nonnen in den Bergen verloren gehen können? Wenn in der Bergwelt etwas passiert, muss der Bergrettungsdienst des Alpenvereins Südtirol ausrücken. Und das geschieht sieben- bis achthundertmal im Jahr – reine Berg- und Pisteneinsätze noch gar nicht mitgerechnet, erzählt mir Markus Hölzl von der Bergrettung. Zur Zeit arbeiten beim Bergrettungsdienst im AVS knapp achthundert ehrenamtliche Helferinnen und Helfer, voll ausgebildete Bergretter benötigen eine zweijährige Ausbildungszeit. Um in den Bergrettungsdienst aufgenommen zu werden, muss man alpinistisch vorbelastet sein. Promenadengänger und Waldspazierer haben keine Chance. Ob ein gewisses Maß an alpinen Kenntnissen da ist, wird im Klettertest überprüft. Was sind die häufigsten Fehler, die zu Unfällen führen? »Fehler ist schwierig zu sagen«, meint Hölzl. »Oft eher ein Moment der Unachtsamkeit. Die Ausrede, dass heutzutage die Ausrüstung schuld an einem Unfall sei, müssen wir schlechthin weglassen. Meist ist es vielmehr die Selbstüberschätzung beziehungsweise der fehlende Respekt vorm Berg, so zum Beispiel wenn sich die Rückkehr verzögert und Herr und Frau Wanderer im zappendusteren Wald stehen und per Handy die Bergrettung alarmieren.« Wie bedanken sich die Menschen, die Sie gerettet haben? »Dank ist sehr selten, was nicht unverständlich ist. Meist sind die betroffenen Personen mit ihrer Situation so beschäftigt, dass sie sich erst in einem späteren Moment der Bergrettung entsinnen. Oftmals kehren die Geretteten nach vielen Jahren zurück an den Ort des Geschehens und suchen dann erst die Bergrettung auf, um ein kräftiges ›Vergelt's Gott‹ auszudrücken.«

Gibt es denn Einsätze, an die man sich besonders erinnert, will ich dann noch wissen. Unterhaltsames? Tragisches? Seltsames? »Ungewöhnlich sind Einsätze dann, wenn es darum geht, vermisste Personen zu suchen, die seit Jahren verschollen sind«, verrät Hölzl. »Denn dann wird der Bergrettungseinsatz zum Kriminalfall.« Manchmal buchstäblich, dann nämlich, wenn klar wird, dass es um finanzielle Interessen geht nach dem Motto: Den besten Mord macht man am Berg. »Unterhaltsam ist ein Einsatz eigentlich nicht, jeder Notruf muss ernst genommen werden«, überlegt Hölzl. »Es gibt aber auch einige lustige Begebenheiten«, sagt er dann und erzählt die Geschichte von den beiden vermissten Nonnen. Die Schwester Oberin schlug beunruhigt Alarm, die Bergrettung startete und fand die zwei Vermissten schließlich zu später Nachtstunde. »Sie schickt der liebe Gott«, riefen die beiden Schwestern glücklich. Der Bergretter korrigierte: »Aber nein! Die Schwester Oberin!«

Reiten, werfen, treffen – Der Oswald-von-Wolkenstein-Ritt

Georg steht vor dem Kleiderschrank und flucht wie ein Rohrspatz. Er kriegt seine rote Weste nicht mehr zu. Er zerrt und zupft und rupft und reißt und zieht den Bauch ein, nichts zu machen. Zu viele Speckknödel seit letztem Juni. Zum Glück weiß Gattin Sieglinde Rat. Sie rennt zum Nachbarn und borgt sich eine Weste eine Nummer größer. Der Oswald-von-Wolkenstein-Ritt ist gerettet. Es ist Ehrensache in Georgs Familie, dass die Burschen beim schönsten und bekanntesten Turnier Südtirols an den Start gehen und um die Siegerstandarte kämpfen.

Sechsunddreißig Mannschaften in historischer Tracht treten an, vier Turnierspiele sind zu absolvieren, alle Jahre wieder im Juni. Seit 1984 wird der »Wanderritt mit Geschicklichkeitsaufgaben« in Gedenken an Oswald veranstaltet und die Fangemeinde des Spektakels nimmt stetig zu. Im Schatten des Schlern-Massivs, eingebettet in die Anlage von Schloss Prösels, versammeln sich an die zwanzigtausend Zuschauer, spenden tosenden Beifall oder machen ihrer Enttäuschung Luft, wenn ihr Favorit auf der Strecke bleibt.

Erster Durchgang: Ringstechen. Drei Ringe baumeln in der Luft, der Reiter muss sie mit seinem Banner auffädeln und an den nächsten in seinem Team weitergeben. Georg hockt auf dem Rücken eines galoppierenden Pferdes, eine Lanze in der Hand. In seiner Bahn hängt hoch über ihm ein Ring. Mit einem weiten Satz jagt er die Stange in die Richtung des kleinen Rings. Knapp vorbei ist auch daneben. Die Fans auf dem Kastelruther Kalvarienberg sind enttäuscht. Georg auch, ist einfach nicht sein Tag heute.

Aber noch ist nicht aller Tage Abend! Teil zwei des Turniers heißt »Ritt durchs Labyrinth«. Seite an Seite mit seinen Teamkollegen jagt Georg bis zur Festung in Matzlbödele in Seis, im Schatten von Oswalds Heimat Hauenstein. Dort muss jeder fehlerfrei durch ein Labyrinth reiten, anschließend geht es Seite an Seite wieder zurück. Georg gibt alles, doch ein Teamkollege patzt. Aber immer noch ist es zu früh, um Trübsal zu blasen. Der dritte Durchgang steht an. »Galopp« am Völser Weiher. Es gilt, Hindernisse zu nehmen, teils rückwärts. Georg japst, konzentriert sich, steuert sein Pferd fehlerfrei durch die Parcours. Es beobachtet die anderen. Auch nicht fehlerfrei, freut er sich. Gibt es doch noch eine Chance für sein Team? Am Ende jagt er unter dem tosenden Beifall des Publikums auf den Wiesen am Fuße des Schlosses Prösels mit dem Banner in der Hand durch eng aufgestellte Torstangen, übergibt das Banner an einen Mannschaftskameraden und hängt völlig erschöpft auf seinem Pferd. Hat es noch gereicht für die begehrte Siegerstandarte? Darauf werden Jahr für Jahr die Namen der Gesamtsieger vermerkt.

Wenn die gleiche Mannschaft dreimal gewonnen hat, geht die Standarte endgültig in den Besitz des Siegerteams über.

Nein, der Name von Georgs Mannschaft steht diesmal nicht auf dem Banner. Ein Team von Nobodys hat den Ritt mit wenigen Sekunden Vorsprung vor den Favoriten aus Kastelruth und Völs gewonnen.

Nach dem Turnier wird ein Dorffest veranstaltet, ganz in mittelalterlicher Tradition. Fahnenschwinger, Minnesänger, Gaukler und Burgfräulein in historischer Tracht sorgen für Stimmung. Der Owald-von-Wolkensteinritt in Völs, Kastelruth und Seis ist einer der Höhepunkte im Südtiroler Veranstaltungskalender.

Hoch her geht es in Kastelruth auch im Januar, wenn die Bauernhochzeit gefeiert wird. Am Ostermontag findet in Meran auf Haflinger-Pferden das Bauerngaloppreiten statt, Mitte Oktober wird in Meran das Traubenfest gefeiert. Einige Gemeinden begehen den Namenstag der Heiligen, denen die Pfarrkirchen geweiht sind, mit feierlichen Prozessionen und bunten Volksfesten. Vor allem im Frühjahr und im Herbst kommen die Feinschmecker auf ihre Kosten, wenn in vielen Gebieten Spezialitätenwochen auf dem Plan stehen und regionale Köstlichkeiten aufgetischt werden.

Nach der Siegerehrung spült Georg seine Enttäuschung mit einem Glas Rotwein runter. So schlecht wie in diesem Jahr war er noch nie. Die Ringe wenigstens hatte er bisher noch im-

mer getroffen. Es gibt nur eine Erklärung: Die
Weste war schuld. Nie wieder reite ich in einer
fremden Weste, überlegt Georg und beschließt,
ab sofort alle Speckknödel zu streichen – zumindest den einen oder anderen.

Naturkräfte, Kraftplätze und ein Hexenmeister des 21. Jahrhunderts

Heiner Hinterseer sieht eigentlich völlig normal aus. Normal groß, normal schlank, braun gebrannt, glatt rasiert, widerspenstige dunkelbraune Locken, gletscherblaue Augen. Auch seine Kleidung lässt nicht einmal erahnen, dass er einen alles andere als normalen Beruf ausübt. Jeans, T-Shirt, Sneakers. Heiner Hinterseer ist Wünschelrutengänger und Berufspendler. Fachmann für Hokuspokus, Hexenmeister des 21. Jahrhunderts. Herr über die Kraftplätze der Natur. Oder Geomant, wie er sich selbst bezeichnet. »Ein Geomant weiß um die Kraftorte und Kraftlinien, um gute und schlechte Plätze und um die Möglichkeiten, diese zu erzeugen und einzusetzen«, sagt er und ich nicke beeindruckt. »Die Geomantie ist eine ganzheitliche Erfahrungswissenschaft. Sie versucht, die geistige, seelische und energetische Identität eines Ortes zu erfassen und diese bei Gestaltungen in Architektur, Kunst oder Landschaftsplanung zu berücksichtigen.« Aha. »Immer mehr Wissenschafter sind im Stande, diese Energien zu messen. Und immer mehr Kunden machen sich diese Arbeit beim Bau von Firmen, von Häusern und alternativmedizinischen Zentren oder bei der Optimierung von bestehenden Firmengebäuden oder Massage-Instituten zunutze.«

»Wenn du diesen Weg entlanggehst, ver-
spürst du besondere Schwingungen«, erklärt
mir Heiner. Ich höre in mich hinein, ganz tief,
aber da schwingt gar nichts. »Sensible Menschen spüren, wenn sie auf einem Kraftplatz stehen«, meint er streng und ich zucke zusammen
ob meiner Unsensibilität. Naturkräfte sind ein
schwieriges Kapitel, denn wissenschaftlich ein-
tüten lassen sie sich nicht. Daran glauben muss
man wohl. Heiner erzählt von einer Umfrage,
die er mit seinem Team gemacht hat. Danach
glauben neunundachtzig Prozent der Südtiroler
an die Kräfte der Natur, an die Macht der Berge.
Kein Wunder, wenn man in einer Region lebt, in
der man sich vollständig den Regeln der Natur
zu unterwerfen hat. Ich bin keine Südtirolerin,
also ist es mein gutes Recht, auch nicht daran zu
glauben, finde ich. Doch der Blick auf die mäch-
tige Trafoier Eiswand hinter dem Höhenluftkur-
ort, in dem wir unterwegs sind, jagt mir unbe-
stritten Schauer über den Rücken.

»Es gibt viele Orte bei uns, an denen die po-
sitive oder negative Strahlung der Erde besonders stark ist«, erklärt mir Heiner, während wir
bergauf klettern. Wie man die findet, will ich
wissen. Immer vorausgesetzt natürlich, man ist
ein sensibler Mensch. »Wenn du dich beim Wandern plötzlich zu einem Fleck besonders hingezogen fühlst, dann ist das ein positiver Kraftplatz«, erklärt er. Ich fühle mich beim Wandern
vor allem zu meiner Brotzeit hingezogen … »Besondere Orte der Kraft findet man sehr häufig

bei alten, freistehenden, geschützten Bäumen, die in der Regel auf Kraftplätzen stehen. Dadurch hat der Baum erst die Möglichkeit, so alt zu werden«, klärt er mich auf.

Es lohne sich auf jeden Fall einen solchen Platz aufzusuchen, weil es sich um Bäume mit einer sehr starken Energie handle. Heiners Augen blitzen, als er weitererzählt. »Bäume sind beseelte Wesen. Sie haben ein völlig anderes Zeitempfinden als wir Menschen, denken in anderen Zeiträumen als wir, fernab von der Hektik unserer Zeit.« Er steigert sich richtig rein in seine Bäume. »Deswegen kann es uns viel geben, wenn wir uns an einen Baum anlehnen oder ihn umarmen.«

Ihn umarmen, na ja. »Wo Gestrüpp wuchert, ist dagegen die negative Energie zu Hause.« Mit einem Pendel hat Heiner die elektromagnetischen Kraftplätze in seiner Umgebung aufgespürt und markiert. Und wozu soll das alles gut sein? »Jeder menschliche Körper trägt ein Energiefeld mit sich«, klärt mich Heiner auf. »Bei Krankheiten sinkt dieser Energiepegel und kann an Kraftplätzen wieder aufgeladen werden.« Aber Vorsicht! »Wer unvorbereitet und womöglich schlecht gelaunt so einen strahlend aktiven Kraftplatz betritt, kann durchaus sein blaues Wunder erleben und muss damit rechnen, dass alles schlimmer wird. Die Kräfte der Natur sind so beschaffen, dass sie verstärken, was da ist. Entweder um es zu erhalten und zu bestärken, oder um es zur Kristallisation zu bringen, damit deutlich zutage tritt, was abgebaut oder losgelassen werden muss.«

»Die Erde besitzt ungeahnte Kräfte«, sagt er und erzählt die Geschichte, wie im Ahrntal das Erz entdeckt wurde. Ein Bauer kaufte einen Stier auf dem Krimmler Markt. Als er ihn über die Tauern heim ins Ahrntal treiben wollte, blieb der Stier auf einmal stehen. Nichts half. Kein Schieben, nicht einmal Stockschläge. Der Stier weigerte sich weiterzugehen, bohrte seine Hörer in den Boden und scharrte mit den Hufen ein tiefes Loch. Unter dem Steinbrocken, den er zur Seite bugsierte, war auch einer mit goldglänzendem Schimmer. Es stellte sich heraus, dass es sich um bestes Kupfererz handelte. Das Bergwerk, das bald darauf in Betrieb genommen wurde, begründete den Wohlstand eines ganzen Tals. »Alles, was uns bei einem Streifzug durch die Natur begegnet und worauf unsere Aufmerksamkeit gelenkt wird, ist ein Spiegel unseres Inneren«, erzählt Heiner, während wir weitermarschieren und ich überlege, worauf ich meine Aufmerksamkeit gerade richte. Zu meiner Schande muss ich gestehen, dass meine Gedanken ganz banal bei meinem knurrenden Magen waren. Ein Teller Gnocchi mit Tomatensauce, das wär's jetzt. Heiner plaudert munter weiter. »Je mehr Zeit wir uns für einen Spaziergang durch die Natur nehmen, je länger wir alleine draußen verweilen, und je aufmerksamer und offener wir auf jede Kleinigkeit achten, auf Tiere, Pflanzen, Steine, Naturphänomene, Regenbögen, plötzliche Eingebungen, um so mehr werden wir erstaunt sein, was an Einsichten aus anderen Ebenen unseres Bewusstseins auf uns zukommt.«

Wir folgen von Trafoi aus dem Weg, der an der Kirche vorbeiführt, über den Trafoibach, dann durch Wald und über eine Lichtung. Auf dem gegenüberliegendem Ufer ist die kleine Wallfahrtskapelle mit ihren heiligen drei Brunnen, ein Kraftplatz, den mir Heiner zeigen will, bereits gut zu erkennen. Der Ort war schon in heidnischer Zeit ein Quellheiligtum, erklärt er. Kultstätten sind sehr oft auch Kraftplätze. Neben der barocken Marienkirche steht eine kleine Kapelle mit dem Brunnenhaus und den heiligen drei Brunnen. »Trink«, meint Heiner und deutet auf das Brunnenwasser. Wer Wasser von allen drei Quellen getrunken hat, bleibt für ein ganzes Jahr von Krankheiten verschont, heiße es. Nimmt er mich jetzt auf den Arm? Doch in Heiners Gesicht zuckt kein Muskel. »Trink.« Na gut. Das Wasser schmeckt wie Wasser. Weder heilig noch kultig. Beim ersten Schnupfen ruf ich ihn an!

Zurück gehen wir einen anderen Weg. Wir kommen an einen Felsen, über den ein winziges Rinnsal plätschert, gerade genug, um den Stein mit etwas Flüssigkeit zu benetzen. »Leg deine Hand dorthin, schließ die Augen und hör in dich hinein!« Mach ich. Nichts. Oder … doch. Irgendetwas ist merkwürdig, meine Fingerspitzen beginnen zu kribbeln, als hätte ich in einen

Ameisenhaufen gefasst. Ein komisches Gefühl. Ist vielleicht doch etwas dran an den geheimnisvollen Kraftplätzen? Oder meldet sich lediglich meine verspannte Halswirbelsäule ...

Von Zwergenkönigen, Buckelhexen und wunderschönen Prinzessinnen – Legenden aus dem Reich der Dolomiten

Gruselig finster ist es, bitterkalt, richtig unheimlich. Ein markerschütterndes Heulen zerreißt die Nacht. Ein Wolf? Ein Werwolf? Mysteriös und geheimnisvoll erlebten die Südtiroler seit jeher die Welt der Berge, mit Geschichten versuchten sie in grauer Vorzeit Unerklärliches zu erklären. Viele Erzählungen, die man vor dem knisternden Kamin sitzend von Generation zu Generation weitergab, blieben glücklicherweise bis heute erhalten und entführen uns in die phantastische Welt zwischen zerklüfteten, eisgekrönten Bergen, ungeheuren Schluchten, dunklen, undurchdringlichen Wäldern und gefährlichen Wetterstürzen.

Die wohl schönste ist die Sage vom Alpenglühn und dem Zwergenkönig Laurin. In den Bergen bei Bozen, die man Rosengarten nennt, wohnte einst ein fleißiges Zwergenvölkchen. Sein ganzer Stolz war ein herrlich blühender, duftender Rosengarten, der von einem seidenen Faden umgeben war. Eines Tages erfuhr Zwergenkönig Laurin von einer fremden Prinzessin, die Similde hieß und wunderschön war. Laurin wollte um die Prinzessin freien und sie zu seiner Königin machen. Deshalb schickte er Boten zu ihrem Vater, dem König an der Etsch.

Die Boten des Zwergenkönigs wurden jedoch nicht nur abgewiesen, sondern auch noch verspottet und auf dem Heimweg überfallen. Daraufhin beschloss Laurin, die schöne Similde zu entführen. Deren Verlobter Hartwig war erzürnt und bat Dietrich von Bern um Hilfe zur Befreiung seiner Braut. Dietrich und seine Recken zogen also ins Gebirge, zerrissen den seidenen Faden und zerstampften mit ihren Pferden die prachtvollen Rosen. Zwergenkönig Laurin forderte den Eindringling furchtlos zum Kampf. Besaß er doch eine Tarnkappe, die ihn unsichtbar machte, und einen Gürtel, der ihm die Kraft von zwölf Männern verlieh. Doch Dietrich entriss Laurin den Gürtel, nahm den Zwergenkönig gefangen und brachte ihn nach Bern. Dem Zwergenkönig allerdings gelang die Flucht und er kehrte in seinen Rosengarten zurück. Doch dort fand er nur die Leichen seiner getöteten Zwerge vor. Aus Trauer darüber ließ Laurin den ganzen herrlichen Rosengarten zu Stein werden und sprach einen Bann aus. »Ich will, dass niemand meine Rosen sieht, weder bei Tag noch bei Nacht.« Der Zwergenkönig hatte allerdings die Stunde des Sonnenuntergangs vergessen, wenn die Sonne die Dolomiten in ein zauberhaftes Farbkleid hüllt. Dieses Ereignis wird bis heute »Enrosadira« genannt, weil man erzählt, dass es die schönen Rosen von Zwergenkönig Laurin sind, die die Dolomiten rosa färben.

Auch Bergkönig Ortler hat eine Zwergenstory: Ein kleiner Stilfser Zwerg pflegte dem

Riesen Ortler auf den Kopf zu steigen und ihn zu verspotten. Irgendwann hatte der Riese genug von dem Zwergenspott, wollte den Stilfser Zwerg packen und in die Tiefe schleudern. Doch der Zwerg war inzwischen zu Eis erstarrt, und das ist bis heute so geblieben.

Furcht und Bewunderung für die realen oder imaginären Bewohner der mysteriösen Dolomitenwelt spricht auch aus der Legende um die schöne Prinzessin Lusor di Luna. Die Prinzessin, so erzählt die Legende, war ein wunderschönes Mädchen, sie hatte nur einen einzigen Makel: Sie war von einer immensen Traurigkeit erfüllt. Ein Traum hielt sie am Leben: die Hoffnung, dass eines Tages der Prinz des Mondes kommen und Licht in ihre Dunkelheit bringen würde. Die Zeit verging, ihr Vater machte sich immer größere Sorgen um die kranke Tochter. Eines Tages sprach ein Zwerg bei ihm vor, der sich König der Salvans nannte, eines Volkes, das von finsteren Feinden aus dem Orient verjagt worden war. Die Prinzessin könne geheilt werden, wenn der König den Salvans erlauben würde, auf den Bergen und in den Wäldern des Königreiches zu wohnen. Der König war so verzweifelt, dass er akzeptierte. Und tatsächlich, in der nächsten Vollmondnacht fielen helle Silberfäden vom Mond auf die Erde, tauchten die Gipfel der Berge in einen silberfarbenen Mantel und brachten die Augen der traurigen Prinzessin zum Strahlen. Es waren die Salvans, die Zwerge der Wälder, die aus den Strahlen des

Mondes einen Sternenteppich gewebt hatten. Seit dieser Zeit erstrahlen die Dolomiten an Vollmondtagen in einem geradezu überirdisch magischen Licht.

Im Reich der Fanes erzählt man sich die Geschichte der Prinzessin Dolasilla. Es war einmal ein Mädchen, das sich in ein Murmeltier verwandeln und deren Sprache verstehen konnte. Dieses Mädchen heiratete einen Prinzen, zog mit ihm in die Berge zum Volk der Fanes, das die beiden zu ihren Herrschern erkor. So blühte und gedieh das Murmeltierreich viele Generationen lang. Doch dann heiratete eine Fanes-Prinzessin einen fremden König. Der entfernte das Murmeltier aus dem Fanes-Wappen und ersetzte es durch einen Adler. Damit nahm das Unglück seinen Lauf. Der König hatte eine Tochter, Dolasilla, die unverwundbar war. Diese Gabe nutzte der König bei seinen Eroberungszügen auch kräftig aus. Als ihm das Volk der Cayutes tausend Bergknappen versprach, um in das unterirdische Goldland Aurona im Padongebirge einzudringen, verriet der habgierige König sein Volk. Dolasilla aber wurde von einem Zauberer in einen Hinterhalt gelockt und getötet, der König verlor die Schlacht und sein Reich, seine Untertanen waren verloren. Doch da erinnerte sich die Fanes-Königin an den früheren Bund mit den Murmeltieren. Die Murmeltiere wiesen den Fanes den Weg in ihr unterirdisches Reich. Der habgierige König aber wartet bis heute auf die Bergknappen, die ihm das

Goldland aufschließen sollen. Als gezackter Fels steht er über dem nach ihm benannten Falzarego-Pass – der falsche König. Einmal im Jahr öffnet sich am Fuß des Seekofels ein Felsentor, aus dem ein Boot in den Pragser Wildsee gleitet. Darin sitzt die alte Fanes-Königin und lauscht in die Nacht. Denn wenn einst aus silbernen Trompeten die Königsfanfare ertönt, wird das Reich der Fanes wieder auferstehen.

Auch zu Füßen des Langkofels gab es einst ein stolzes Königreich. In dem prachtvollen Schloss wohnte eine liebliche Prinzessin, die sich durch Zauberkräfte in eine Nachtigall verwandeln konnte. Ihr Glück wäre ungetrübt gewesen, hätte man ihr nicht vorausgesagt, dass sie durch den Tod eines Fremden die Fähigkeit, menschliche Gestalt anzunehmen, für immer verlieren würde. Unter dem Zwang, das Geheimnis um den Unbekannten zu lüften, machte sie von ihrer Gabe sehr oft Gebrauch und flog spazieren, um die nähere Umgebung zu erkunden. Eines Tages erblickte sie vom Himmel aus eine alte Burg. Von Neugierde gepackt, flog sie schnurstracks den Innenhof an, wo sie sich auf einer Birke niederließ. Ihr melodischer Gesang lockte einen stattlichen Ritter ans Turmfenster. Die Prinzessin war so glücklich über die ritterliche Bewunderung, dass sie in den darauf folgenden Wochen immer wieder kam. Ihre Besuche wurden beiden zur lieben Gewohnheit, so sehr, dass der Ritter, wenn sie einmal nicht erschien, den Kopf hängen ließ. Voller Sehnsucht machte er sich auf den Weg, um bei einem weisen Waldmännchen Rat zu holen. Dieses verriet dem Ritter, dass die Nachtigall in Wirklichkeit eine Prinzessin war, die des Ritters Gefühle erwiderte. Der Ritter offenbarte nun also der verzauberten Prinzessin seine Liebe, doch die flog erschreckt davon. Erst Tage später fand sie den Mut, zu ihrem Ritter zurückzukehren, aber es war zu spät. Der Ritter lag mit gebrochenem Herzen leblos im Innenhof. Mit seinem Tod nahm ihr Schicksal seinen Lauf: Die Prinzessin musste fortan als Nachtigall weiterleben. Seitdem kann man sie mit dem Langkofel Zwiesprache halten hören – in hellen, zwitschernden Tönen.

Die Menschen aus dem Gadertal verehren bis heute ihren »Gran Bracun«. In einer Höhle zu Füßen des Kreuzkofels hauste einst ein böser Drache, vor dem weder Mensch noch Tier sicher waren. Bis hinunter ins Dorf trieb das Monster sein Unwesen. Die Dorfbewohner fürchteten sich so sehr, dass sie sich kaum noch vor die Tür trauten. Wer sich dem Untier in den Weg stellte, bezahlte mit dem Leben. Da kehrte Francesco Guglielmo Brack von den Kreuzzügen aus dem Orient zurück, um dem Schrecken ein Ende zu bereiten. Der furchtlose Krieger schwang sich auf sein Pferd und ritt zur Höhle des feuerspeienden Drachen. Aus dem Sattel heraus schoss der mutige Held dem Untier mitten ins Herz. Seither verehrt das Gadertal seinen »Gran Bracun«.

Neben Zwergen, Waldmännchen und Prinzessinnen treiben in den tiefen Wäldern natürlich auch Hexen und böse Geister, liederliche Weiber und teuflische Gestalten ihr Unwesen.

Im Wald oberhalb von Lengstein liegt eine kleine Lichtung, in deren Mitte eine einzelne Lärche mit einem auffallenden Hexenbesen steht. Auch hier trafen sich einst die Hexen, so erzählt man sich, und hielten mit dem Teufel wüste Gelage. Deswegen wurde der Ort gemieden, aus Angst wagte sich niemand bei Nacht hier herauf. Nur einmal brüstete sich ein Bursche, dass er weder Teufel noch Hexen fürchte, und bald war eine Wette abgeschlossen. Der Knecht allerdings kehrte von seinem nächtlichen Ausgang nicht zurück. Man fand ihn tags darauf tot in den Boden hinter der Lärche gestampft. Im Gedenken an den Verstorbenen hängte man ein Bildnis des Gekreuzigten an diesen Ort, und fortan hatte der nächtliche Spuk ein Ende.

Auf dem Platzhof am Eingang zum Laaser Tal lebte einst eine unanständige Magd, die ein ausgelassenes Leben führte. Als sie es eines Nachts zu bunt trieb, schleppte sie der Teufel hinauf zu einem Felsen, schleuderte sie gegen eine Steinplatte und machte sich mit ihr auf und davon. Von dieser Teufelstat blieben die Abdrücke der fünf Finger der Teufelspratze im Stein zurück.

Geheimnisse und magische Kräfte werden auch dem Schlern nachgesagt. Seit jeher wurden die Geister und Dämonen, die ihr Unwesen auf diesem markanten Berg der Dolomiten treiben, durch Tieropfer besänftigt. In der Römerzeit galt er als Kultstätte, im Mittelalter als Hexen- und Satanskultplatz. Aus der Gegend um Völs wurden mehrere Frauen als Hexen zum Tode verurteilt, unter Folter hatten sie nächtliche Besenritte zum Schlern gestanden. Heute gilt die Schlern-Hexe als Werbeträger, aus Holz oder Stoff kann man die bucklige Frau in jedem Souvenirshop kaufen.

Am Karersee verliebte sich ein Hexenmeister in eine Wasserjungfrau. Um die Nixe zu erobern, spannte er einen Regenbogen aus Juwelen vom Rosengarten bis zum Latemar. Sie bestaunte die glitzernden Edelsteine, fürchtete sich aber vor dem Zauberer und tauchte in den See. Der Hexenmeister schleuderte den Regenbogen schließlich in den See, der heute noch in den prächtigsten Farben schimmert.

Und dann ist da noch die Geschichte von der »Kiniger Leite«. Dort lebte einst eine Bäuerin, die eine großartige Köchin war. Doch ließ sie nicht einmal einen armen Bettler an ihrem köstlichen Mahl teilhaben, bis sie ihr Geiz schließlich ins Verderben trieb. In einem Erdloch auf der Kiniger Leite muss sie bis in alle Ewigkeit Knödel kochen. Heute steigt aus dem Erdloch manchmal Rauch auf und auf den ringsum liegenden kopfgroßen Steinen bleibt im Winter keine Schneeflocke liegen, bis heute!?

Stellen Sie sich vor: Sie sitzen an einem lauschigen Abend mit einem Glas Rotwein in einer

Hütte vor dem knisternden Kaminfeuer. Draußen bläst der Wind, ein Ast schlägt gegen die Fensterscheibe. Wetten, dass sie dann alle wieder lebendig werden, Zwergenkönig Laurin und all die anderen liebenswürdigen Sagengestalten Südtirols?